轮滑回转

胡用岗　李　冰◎著

中国纺织出版社有限公司

内 容 提 要

本书主要介绍了轮滑运动的发展过程、轮滑回转入门、轮滑回转教学与训练、轮滑回转业余运动员等级标准、轮滑回转竞赛规则、轮滑回转执裁技术以及轮滑回转常见运动损伤及预防。

本书可作为开展轮滑回转教学活动的教师参考用书，也可作为轮滑回转运动教练员和裁判员等级培训用书。

图书在版编目（CIP）数据

轮滑回转/胡用岗，李冰著. --北京：中国纺织
出版社有限公司，2021.8（2025.1 重印）
ISBN 978-7-5180-8812-6

Ⅰ.①轮… Ⅱ.①胡… ②李… Ⅲ.①滑轮滑冰—基
本知识 Ⅳ.①G862.8

中国版本图书馆 CIP 数据核字（2021）第 168741 号

责任编辑：范雨昕 责任校对：王蕙莹 责任印制：何 建

中国纺织出版社有限公司出版发行
地址：北京市朝阳区百子湾东里 A407 号楼 邮政编码：100124
销售电话：010—67004422 传真：010—87155801
http://www.c-textilep.com
中国纺织出版社天猫旗舰店
官方微博 http://weibo.com/2119887771
永清县晔盛亚胶印有限公司印刷 各地新华书店经销
2021 年 8 月第 1 版 2025 年 1 月第 2 次印刷
开本：710×1000 1/16 印张：13.75
字数：214 千字 定价：98.00 元

凡购本书，如有缺页、倒页、脱页，由本社图书营销中心调换

序 一

经历了轮滑回转成长的三个年头，也见证了轮滑回转从无到有的过程，在一个轮滑大项不断完善的过程中，我们的讲师、裁判员、教练员付出的艰辛汗水和智慧让我感叹，也看到了《轮滑回转》这样的收获。

过去的 2020 年和 2021 年，我们的国家经历着疫情和特殊情况，我们的团队仍旧奋斗在第一线，尤其是线上活动的开展，让轮滑回转项目没有被国内轮滑人淡忘，反而以星火之势扩张，相信未来，星星之火可以燎原。

《轮滑回转》一书将基础理论、教学培训、执裁的基本内容展示给公众，让大家能够对轮滑回转有一个更为清晰的认知，理解轮滑回转的基本内容，相信通过该书的出版发行能够在一定程度上将轮滑回转推向更高的舞台，也希望未来在国内赛场看到更多的参与者，甚至在国际赛场能够看到更多中国人的身影。

国家体育总局社会体育指导中心轮滑部主任

2021 年 6 月

序 二

在刚刚落下帷幕的 2020 年东京奥运会上，中国轮滑选手首次登上奥运赛场。滑板项目自 2017 年夏季建队到登上奥运赛场，前前后后离不开所有轮滑人的努力和支持。

目前，轮滑回转项目尚处于起步阶段，需要大家共同努力一起来推动，而编撰培训教材则是项目推广的前提和基础。即将出版的《轮滑回转》是有关轮滑回转项目的一部专业书籍，该书不仅详细介绍了回转项目相关的理论知识和裁判知识，还结合作者多年轮滑俱乐部教学经验加入了三套回转特色活力课程，可为一线轮滑俱乐部开展回转项目提供便捷条件。

该书可作为校园开展轮滑回转项目教学的参考书籍，也可作为轮滑回转教练员、裁判员等级培训用书，它的出版对轮滑回转项目在国内的推广和普及具有重要意义。

国家体育总局社会体育指导中心轮滑部项目主管

2021 年 5 月

前 言

本书由国内轮滑回转运动首批国家级教练员、国家级裁判员等共同编撰而成。旨在通过浅显易懂的语言、图文并茂地将轮滑回转运动的相关知识系统地呈现出来,让轮滑回转运动成为更科学、有效和安全的大众运动项目。

希望本书能够为轮滑回转运动的教学与训练起到抛砖引玉的作用,更希望能为轮滑回转运动的开展和普及起到更大的推动作用。由于轮滑回转运动相关的参考资料较少,加之作者水平有限,书中难免存在疏漏和不足之处,敬请各位专家和读者批评指正。

本书在编撰过程中,得到了中国轮滑协会以及地方轮滑协会有关领导的鼓励与支持,在此表示衷心的感谢(排名不分先后)。

张　娜　国家体育总局社会体育指导中心轮滑部主任

陈　思　国家体育总局社会体育指导中心轮滑部副主任

易松涛　国家体育总局社会体育指导中心轮滑部项目主管

刘育婷　国家体育总局社会体育指导中心轮滑部项目主管

曾冰峰　国家体育总局社会体育指导中心轮滑部项目主管

吴万安　国家体育总局社会体育指导中心轮滑部项目主管

袁　吉　西藏轮滑协会

张　淇　天津市轮滑运动协会

李　宇　四川省轮滑协会

孟现录　重庆市轮滑协会

王乾伟　浙江省轮滑协会

轩志刚　内蒙古轮滑协会

左智云　四川省轮滑协会

王明远　郑州市轮滑协会

文景伟　泉州市轮滑协会

郑　勇　唐山市曹妃甸区轮滑协会

谢健行　轮滑回转国家级教练员

石晓聪　轮滑回转一级裁判员

此外，感谢天津机电职业技术学院、四川师范大学、内蒙古民族大学、青岛职业技术学院、重庆电子工程职业学院、浙江工贸职业技术学院等高校对轮滑回转推广做出的贡献。

作者

2021 年 3 月

目 录

第一章 概述 ···················· 1

第一节 轮滑运动的起源与发展 ···················· 1

第二节 轮滑运动的项目简介 ···················· 2

第三节 我国轮滑运动的发展概况 ···················· 5

第二章 轮滑回转入门 ···················· 7

第一节 轮滑回转历史 ···················· 7

第二节 轮滑回转项目分类 ···················· 10

第三节 轮滑回转器材装备介绍 ···················· 11

第四节 轮滑回转运动的术语 ···················· 16

第三章 轮滑回转教学与训练 ···················· 19

第一节 轮滑回转课程内容概要 ···················· 19

第二节 轮滑回转教学练习方法 ···················· 21

第三节 轮滑回转特色活力课程（一） ···················· 44

第四节 轮滑回转特色活力课程（二） ···················· 81

第五节 轮滑回转特色活力课程（三） ···················· 107

第四章 轮滑回转业余运动员等级测试版标准解析 ···················· 136

第一节 等级划分说明 ···················· 136

第二节 等级考核评定内容与标准 ···················· 138

第五章　轮滑回转竞赛规则解析 ·································· 144
　　第一节　高山回转赛竞赛组织 ·························· 144
　　第二节　平地回转赛竞赛组织 ·························· 148
　　第三节　小回转竞赛组织及规则 ······················ 152
　　第四节　大回转竞赛组织及规则 ······················ 155
　　第五节　综合回转竞赛组织及规则 ···················· 157
　　第六节　平行回转竞赛组织及规则 ···················· 158
　　第七节　团体回转竞赛组织及规则 ···················· 162

第六章　轮滑回转执裁技术 ···································· 164
　　第一节　轮滑回转比赛装备要求 ······················ 164
　　第二节　轮滑回转比赛管理要求 ······················ 165
　　第三节　轮滑回转赛道认证要求 ······················ 175
　　第四节　主办方人员构成及职责 ······················ 177

第七章　轮滑回转常见运动损伤及预防 ···················· 190
　　第一节　轮滑回转常见运动损伤及处理 ················ 190
　　第二节　轮滑回转运动损伤的预防 ···················· 192

参考文献 ·· 194

附录 ·· 195
　　附录一　体育总局关于印发《运动员技术等级标准》的通知 ····· 195
　　附录二　关于《运动员技术等级标准》若干问题的说明 ········· 196
　　附录三　轮滑运动员技术等级标准 ···················· 197
　　附录四　滑板运动员技术等级标准 ···················· 207

后记 ·· 209

第一章　概述

第一节　轮滑运动的起源与发展

轮滑运动，俗称"滑旱冰"或"溜冰"等，它是从冬季的冰雪运动在陆地上辅助训练过程中逐渐演变而衍生出来的一种新的运动项目。据有关资料记载，轮滑是在18世纪由一位不知名的荷兰滑冰运动员所发明的。最初这位荷兰滑冰运动员，是为了在不结冰的季节能够继续训练，而尝试把木线轴安在皮鞋下，在平坦的地面上滑行。他的试验在不断失败和改进后终于取得了成功，创造了用轮子鞋"滑冰"的历史。从此，轮滑运动在欧洲诞生、兴起，并得到较快的发展。

1819年，法国的发明专利记载中将轮滑鞋的发明专利授予了蒙修尔·帕迪布来丁，他发明的轮滑鞋是将木板固定于靴底，在木板下面固定2~4个木制或象牙制的轮子，排成一条直线。

1861年，巴黎世界博览会上出现了精彩的轮滑表演，一举确立了其在体育运动大家庭中的地位，由此将轮滑推向了一个新的阶段。

1863年，美国人詹姆士·普利姆普顿设计并制造出以金属轮子代替容易损的木制轮子的新型轮滑鞋，它滑起来更加活动自如，安全灵敏，还能进行倒滑，因此深受大家的欢迎。

1884年，美国人理查森和雷蒙德发明了带有滚珠的轴承，大幅提高了轮滑的滑行速度，增加轮滑运动的乐趣，这对改进轮滑技术起到了极大的推动作用。

1979年，美国冰球运动员斯科特·奥尔森和布伦南·奥尔森兄弟在其家乡明尼苏达州偶然发现了一双早期的直排式溜冰鞋，于是兄弟俩开始使用现代材料重新设计，就制成了现代的第一双单排轮轮滑鞋。

20世纪80年代，奥尔森两兄弟创立的Rollerblade公司开始规模生成单排轮滑鞋，后来根据轮滑运动的发展需要，单排轮滑鞋又演绎出多种不同的性能，如速度轮滑鞋、极限轮滑鞋、轮滑速降鞋、轮滑球鞋等。单排轮滑鞋的构造特点赋予了轮滑运动无穷的魅力和变化，使得轮滑运动成为一种风靡全世界的时尚休闲运动。

第二节　轮滑运动的项目简介

轮滑运动除了是一项休闲运动，同时也是一种竞技项目。目前，根据世界轮滑联合会确定的轮滑项目共计 12 项，下面将对 12 个轮滑项目分项进行逐一介绍。

一、花样轮滑

花样轮滑（Roller Artistic Skating）是所有观赏性轮滑项目的根源。起源于 18 世纪的英国，后相继在德国、美国、加拿大等欧美国家迅速开展。最早是为了能让花样滑冰选手在无冰的情况下训练，而后发展成了一项独立的运动。因此，花样轮滑和花样滑冰有诸多相似之处。花样轮滑除了要掌握滑行技术外，对着装、音乐、轮滑鞋都有要求。比赛一般在不小于长 50 米、宽 25 米的场地上进行，并根据动作的难易程度、舞姿的优美水平等进行打分确定胜方。

二、速度轮滑

速度轮滑（Roller Speed Skating）是类似速度滑冰的轮滑竞赛项目，顾名思义就是在各种赛道上比拼速度的轮滑项目。运动员脚穿单排轮滑或者双排轮滑，在规定的距离内以速度快慢决定胜负的运动项目。速度轮滑属于一项体能竞速类的周期性运动项目，在国际上被分为传统速度轮滑和竞技速度轮滑两种，世界轮滑锦标赛的场地跑道正式比赛分为：300 米计时赛、500 米淘汰赛、1000 米积分赛、5000 米积分赛、10000 米积分赛、20000 米积分赛；公路比赛包括女子 21 千米半程马拉松赛、男子 42 千米全程马拉松赛。

三、双排轮滑球

1863 年，美国人詹姆士发明了第一双双排轮滑鞋。发展至今，较受欢迎的双排轮滑运动项目有花样轮滑、双排轮滑球和轮滑阻拦等。轮滑球被誉为轮滑项目的最高境界，它融合了冰球和马球两种运动项目的特点。目前轮滑球分为两种，一种是在欧洲比较盛行的双排轮滑球（Rink Hockey），另一种是在美国比较流行的单排轮滑球（Inline Hockey）。双排轮滑球和冰上曲棍球一样，比赛所用的轮滑球是硬质圆球，其最大的特点就是速度快、对抗激烈。正是这种强对抗，让双排轮滑球运动充满了激情，具有很强的观赏性。首次有记载的双排轮滑球比赛，是在 1878 年英国伦敦举行的，1992 年巴塞罗那奥运会，双排轮滑球作为表演项目极大地助推了轮滑运动的发展。

四、单排轮滑球

1983 年，斯科特·奥尔森成立了专门生产单排轮滑鞋和器材的 Roller Blade 公司，使单排轮滑运动迅速在美国，继而在全世界普及起来，并因此产生了新的轮滑运动项目，如单排轮滑球。最初的单排轮滑球运动的名称是"街道冰球"，该比赛形式迅速普及和发展，很多国家都有了相应的组织。1995 年，国际单排轮滑球委员会在美国正式成立，同年举办了第一届世界单排轮滑球锦标赛。2007 年第 12 届亚洲轮滑锦标赛，单排轮滑球作为正式比赛项目首次亮向亚洲。2010 年我国第四届全国体育大会上，增设了单排轮滑球比赛，从此单排轮滑球进入了一个新的阶段。

五、自由式轮滑

自由式轮滑（Inline Freestyle）是轮滑新生代成员，其发祥地在欧洲，虽然发展不过短短的数年时间，但却成了目前欧美都市轮滑精神的象征。它集合了高山速降、速度轮滑、技巧轮滑等多种技巧元素衍生出来的一种特殊的轮滑形式。自由式轮滑大致可以分为花式绕桩、速度过桩、花式刹停、花式对抗等，其中花式绕桩和速度过桩两个项目于 2017 年正式被列为第十三届天津全运会的比赛项目。

六、极限轮滑

极限轮滑（Roller Freestyle）也叫特技轮滑，在欧美国家很受年轻人的追捧，极限轮滑爱好者也被称为"Roller Blading"。极限轮滑是一种特别的运动形式，它包括街式（Stree）和 U 形池（Ramp）。爱好者们可以按照自己的意愿和习惯，选择直排或双排极限轮滑鞋，在街道或道具上做各种各样的惊险、刺激、复杂的技巧表演动作来演绎自己对"极限"的理解。正是因为极限轮滑具有极佳的表演性和观赏性，使得极限轮滑比赛在欧美国家成为收视率火爆的体育运动电视节目。

七、轮滑阻拦

轮滑阻拦（Roller Derby）又称"轮滑德比"，起源于 20 世纪 30 年代的美国，一度风靡欧洲、澳大利亚等西方国家。它结合了轮滑、摔跤与橄榄球的元素，在服装上又加入了现代女性的时装元素，因此具有很强的观赏性。最初的"轮滑德比"仅是一种耐力型的速度轮滑比赛。后来经美国体育记者 Damon Runyon 对比赛形式进行变革，提出将耐力赛改为对抗赛，而这次变革意味着轮滑阻拦与速度轮滑彻底分道扬镳了。从 2000 年开始，轮滑阻拦开始复兴，它摒弃了表演元素，作为一项纯运动赛事出现，在椭圆赛道上由两支队伍竞赛，不仅要比速度，还要比身体对抗。

八、高山速降

高山速降（Roller Downhill）是一项极具刺激和惊险的轮滑项目，一般选择在具有一定坡度的公路或山路进行。速降者在佩戴全套护具之后，依靠路面的倾斜角度来提供动力，在速降过程中控制好身体的方向和平衡，感受人体自然下落，风驰电掣般惊险刺激的体验。高山速降分为单排轮滑速降和双排轮滑速降两个组别，还有衍生出的障碍速降和速降轮滑衣。这项运动是极限运动中具有较高代表力的运动项目，通常从高山上俯冲下来的速度可达 70~80 千米/小时，因此它所使用的护具和轮滑鞋都是特制的或定制的。这项运动在欧美国家相当盛行，目前成绩较为突出的运动员来自法国、意大利和德国。

九、轮滑回转

轮滑回转（Inline Alpine）源于高山滑雪的回转项目，是高山滑雪运动员非雪季训练的一种替代手段。轮滑回转又分小回转、大回转、平行回转、平地回转、团体赛等 10 个小项。比赛通常选择在坡度 6%~15% 的平坦的沥青公路上进行，根据路面结构的不同，起跑坡道的高度可在 60 厘米至 2 米之间，赛道的宽度不得低于 5 米，赛道上设置多种形式的旗门组成障碍。整个赛程距离约在 150~600 米，可由 30~60 个旗门组成，运动员从山顶沿线路连续转弯穿越旗门障碍下滑。

十、滑板

滑板（Skateboarding）项目可谓是极限运动的鼻祖，许多的极限运动项目均由滑板运动延伸出来的。滑板运动最初由冲浪运动演变而来，19 世纪 60 年代，美国加利福尼亚的轮滑爱好者发明了第一块滑板，它是将双排轮滑的支架装在木板上而制成的。20 世纪 70 年代，随着科学技术的迅猛发展，滑板运动爱好者又研制成聚氨酯材料的轮子，这种轮子柔韧性强、耐磨而且富有弹性，大幅地推动了滑板运动技术的新发展。20 世纪 80 年代末，滑板运动由北京体育大学引入中国。2020 年 12 月 7 日，国际奥委会确定将滑板列为 2024 年巴黎奥运会正式比赛项目。至此，滑板成为轮滑运动中第一个入选奥运会正式比赛的运动项目。

十一、滑板车

滑板车（Scooter）是继滑板之后的又一滑板运动的新型运动形式。滑板车起源于 1993 年，起因是由一位德国工程师为解决自己上班时的交通困扰，将两个滑板车轮安在一块铝片上，并将一个伸缩性能的金属扶手加装在滑板车上，使它成为一种简单的省力的运动工具。从 1999 年开始，滑板车风靡欧美和东南亚，如今滑板车已成为新一代青少年的潮流运动选择。

十二、障碍追逐

障碍追逐（Skate Cross）诞生于 20 世纪 90 年代的法国极限轮滑赛事，它融合了极限轮滑、速度轮滑、高山速降等项目的运动元素，常在极限公园的道具上进行比赛，往往综合能力较强的选手会取得很好的成绩。在 2000 年伊始，在法国举办的障碍追逐将设在巴黎、里昂、马赛三座城市的分站赛的赛事成绩进行总排名，极大地推动了障碍追逐在法国的普及和开展。世界轮滑联合会障碍追逐委员会从 2010 年开始大力在欧洲、中国、加拿大等地进行推广，同时将法国的障碍追逐赛升级为世界排名赛。2020 年初障碍追逐被世界轮滑联合会正式确立为第 12 个轮滑分项。

第三节　我国轮滑运动的发展概况

我国轮滑运动开展得较晚，早期的轮滑运动只作为上海法租界以及江浙地带达官显贵的娱乐游戏，并未进入民众的日常竞技活动中。中华人民共和国成立以后，上海、广州等一些城市相继建成一批简易轮滑场所供青年人休闲娱乐，这些简易轮滑场除了对爱好者开放外，还经常举办轮滑训练班，并根据我国民间舞蹈的舞姿改编成溜冰舞进行表演，深受到广大群众的好评。1964 年，轮滑首次被上海杂技团搬上舞台，经过艺术加工，溜冰舞成为观众最喜爱的保留节目。自中国共产党第十一届三中全会之后，轮滑运动以文化娱乐的面貌在中国沿海经济发达地区亮相，并迅速形成"滚轴溜冰"热潮。1980年，我国正式成立中国轮滑协会（CRSA），同年加入国际轮滑联盟，这标志着轮滑运动已成为中国体育运动项目之一。1985年在河南安阳举办了全国首届轮滑锦标赛，比赛项目设有速度轮滑和花样轮滑两项。1985年10月，哈尔滨体育学院轮滑队代表我国参加了在日本冈谷举办的第一届亚洲轮滑锦标赛，开启了中国轮滑健儿走向世界的大门。1986年，中国轮滑协会加入亚洲轮滑联合会，之后相继承办过多届亚洲轮滑锦标赛。如1989年在中国杭州举行了第3届亚洲轮滑锦标赛、1999年在中国上海举行了第8届亚洲轮滑锦标赛、2008年在浙江海宁举办了第13届亚洲轮滑锦标赛、2012年在安徽合肥举办了第15届亚洲轮滑锦标赛、2014年在浙江海宁举办了第16届亚洲轮滑锦标赛、2016年在浙江丽水举办了第17届亚洲轮滑锦标赛等。这些高级别的洲际轮滑赛事的举办有力地推动了我国轮滑运动的快速发展，同时也向世界轮滑界展示中国的风采。

为进一步推进轮滑运动在中国的普及和开展，中国轮滑协会倡导将每年6月的第一个周六确定为"全国轮滑日"。从此，中国轮滑爱好者有了自己的节日"66节（溜溜节）"，这一节日的设立是中国轮滑发展史上的里程碑。

我国轮滑运动从1980年正式确立，发展至今已成为推动全民健身的一项普及性体育项目，目前全国有几百个标准轮滑场地、成千个轮滑团体、上千万的轮滑爱好者。2017年8月轮滑运动更是成为第十三届天津全运会正式比赛项目，这是对轮滑运动在推动全民健身过程中做出的巨大贡献的高度认可和褒奖。2018年，在浙江丽水举办的首届全国全项目轮滑锦标赛，设有自由式轮滑、速度轮滑、花样轮滑、单排轮滑球、双排轮滑球、轮滑阻拦、高山速降、轮滑回转、极限轮滑、滑板共计10个项目。至此，我国成为世界上首个设立轮滑全项目比赛的国家。

第二章　轮滑回转入门

第一节　轮滑回转历史

轮滑回转与高山滑雪回转有着深厚的历史渊源。高山滑雪起源于欧洲的阿尔卑斯山脉地区。由于夏季无雪，滑雪运动员们无法进行训练，于是他们将在雪地里的滑雪改成了在柏油路坡上放置许多约15千克重的金属板支撑的可弯曲的旗门杆进行滑降训练，这对于冬季滑雪运动员而言，是一种很好的陆地训练方法。

最初的赛事体系可根据比赛场地进行适当调整，通常比赛赛道选择在坡度约6%~15%的平坦的沥青路面上举行，起跑台的高度在0.6~2米。在150~250米的赛道上，设置间距为3~8米的旗门杆30~60根组成。比赛以秒表进行计时，当运动员的腿撞开起跑门时，开始计时，运动员在舒适的滑行节奏下以最大的速度到达终点。

由于下滑速度较快，为保证运动员安全，赛道的宽度至少5米以上，同时在赛道的关键点需堆放成捆的稻草，以防止速度过快而导致的危险，在终点区域也必须留有足够的空间来减速停下或铺设地毯以帮助运动员减速。轮滑回转对于冬季滑雪运动员来说，是一种操作性极强的陆地训练方法，因此它吸引了众多资深的滑手，也吸引了许多寻求刺激的年轻人参与。

由于轮滑回转是在一定的坡度上进行的，因此对参与者来说，保护装备是必不可少的。轮滑回转的保护装备与速降滑冰很相似，但重量相对较轻，参与者需佩戴BMX型全脸头盔、手套、护肘、护膝以及护腿，滑行中尽可能靠近旗门杆滑行，在不受伤的情况下撞击旗门杆。回转运动的轮滑鞋大体可分为：像速降鞋一样的刚性高帮鞋，以获得最大的支撑和精度；或者像速滑鞋那样具有很好通过性和惯性的低帮鞋。现阶段已有成熟的回转专用轮滑鞋，更符合轮滑回转项目竞技需求。此外，轮滑回转使用的手杖杆与滑雪手杖杆类似。

2018 年，轮滑回转正式成为中国轮滑协会第九个轮滑大项，不断吸引其他轮滑项目运动员兼项参赛，由最初的体验型赛事（即规则简易化、装备多样性、护具兼项使用，旗门杆由足球杆代替），逐渐发展为专业轮滑回转赛事（即国际通用竞赛规则和先进的训练方法、安全的保护装备，专业的旗门杆、赛事安全防护以及教练和裁判队伍建设等）。

2020 年，为了加快轮滑回转的推广和普及，让更多的人群参与到赛事之中，感受回转的运动乐趣。在借鉴高山回转赛事规则与技战术，将轮滑回转低龄化和普及化，在国内新增平地轮滑回转五个小项，让轮滑回转有了更加稳定的梯队建设和良性发展。平地轮滑回转的增设得到了中国轮滑协会及各地区轮滑协会的高度评价与肯定。

目前，轮滑回转在德国、奥地利、捷克、意大利、拉脱维亚、克罗地亚、日本、瑞士、斯洛伐克、西班牙、波兰、印度和中国等国家发展势头迅猛，其中德国、意大利、奥地利、瑞士和中国等都有全国性的轮滑回转专业赛事（表2-1、表2-2）。

表 2-1　2015~2021 年轮滑回转国际赛事

时间	赛事名称	举办地点
2015 年	世界轮滑回转锦标赛	捷克内姆契奇和奥地利布朗伯格
2017 年	世界轮滑锦标赛（图 2-1）	西班牙巴塞罗那
2017 年	世界全项目轮滑锦标赛（图 2-2）	中国南京
2018 年	世界轮滑锦标赛	日本长野
2019 年	世界轮滑锦标赛	西班牙巴塞罗那
2020 年	轮滑回转世界杯（图 2-3）	奥地利阿尔卑斯（Berwang）
2021 年	轮滑回转世界杯	斯洛文尼亚武泽尼察（Vuzenica）

表 2-2　2017~2020 年轮滑回转国内赛事

时间	赛事名称	举办地点
2017 年	全国轮滑锦标赛	江苏南京
2018 年	中国轮滑嘉年华分站赛	河北承德
2018 年	全国轮滑锦标赛	浙江丽水
2018 年	中国轮滑嘉年华分站赛	广西南宁
2018 年	中国轮滑嘉年华分站赛	湖北宜昌
2019 年	全国轮滑锦标赛	浙江丽水

续表

时间	赛事名称	举办地点
2019 年	中国轮滑嘉年华分站赛	江苏溧阳
2019 年	中国轮滑嘉年华分站赛	山东博兴
2020 年	中国轮滑回转俱乐部巡回赛	天津

图 2-1　2017 年巴塞罗那世界轮滑锦标赛

图 2-2　2017 年世界全项目轮滑锦标赛

图 2-3　2020 年奥地利轮滑回转世界杯

第二节　轮滑回转项目分类

目前，我国轮滑回转分为高山回转和平地回转两大类。高山回转是指在坡度 5%~15% 的斜坡进行轮滑回转比赛。而平地回转是指在无坡度或者小于 5% 的斜坡上进行轮滑回转比赛。高山回转和平地回转的竞赛规则大体相一致，唯有在旗门杆数量的设置上进行了缩减。其中，高山回转和平地回转均设有：小回转、大回转、综合回转、平行回转、团体回转等共计10 个回转小项。

一、小回转

小回转（Slalom）是围绕滚落线做小半径的转弯。小回转能够较好地让回转爱好者在狭窄、坡峭的山坡上滑行。它的基本技术原理同平行转弯一样，只不过它与滚落线的夹角较小，有更频繁的转弯。小回转要求运动员从高山（或者平地）下滑时穿过门形的障碍物，连续转弯高速下滑。高山回转赛道要求必须有 6%~15% 的坡度，比赛路线长度为 120~270 米，立柱与立柱间距离不小于 3 米，不超过 8 米；立柱与立柱间距离不小于 3 米，不超过 8 米；平地回转赛道坡度小于 5%。赛道应宽约 5 米，比赛路线长度为 90~180 米，立柱与立柱间距离不小于 2 米，不超过 5 米。比赛中两种不同颜色的旗门，不少于 30 个不超过 60 个。在小回转比赛中，每局比赛选手有两次比赛机会，如出现错杆、漏杆、骑杆后需要直接滑行至终点，则当轮成绩无效。

二、大回转

大回转（Giant slalom）的基本原理同小回转一样，它适合高速度、中度坡道。滑行中它增加了上体对转弯的倾斜功能。因为身体的倾斜可以减小离心力，确保在高速下的转弯的安全性。

大回转单门由两个旗门杆和一个横跨在其中的织物组成。在拉扯力过重的情况下织物应从立柱上放下来。高山回转赛道的平均坡度必须达到6%~10%，旗门杆的距离不小于 10 米，不超过 15 米；平地回转赛道坡度小于 5%。赛道应宽约 5 米，旗门杆的距离不小于 5 米，不超过 8 米。两种不同颜色的旗门，不少于 20 个，不超过 35 个。在大回转比赛中，每局比赛中选手有两次比赛机会，如出现错杆、漏杆、骑杆后需要直接滑行至终点，则当轮成绩无效。

三、综合回转

综合回转（Combined）是指包括一轮小回转和一轮大回转，即综合回转赛道设置就应为一个小回转赛道加一个大回转赛道，注意比赛运动员的综合能力。其中最为明显的赛制变化则是运动员失误后可返回失误点继续竞赛，但在高级别赛事中其他运动员不发生失误的情况下，如错杆、漏杆、骑杆等情况的发生就意味着可能失去了竞争力，但比赛的看点也正是这些意外所带来的不一样的结局。

四、平行回转

平行回转（Parallel slalom）轮滑回转项目中竞技性和观赏性最强的项目，每轮两个相邻参赛选手同时滑行，比赛线路须尽可能在水平和垂直线上保持相同。除预赛以外竞赛采用双人淘汰制，根据运动员个人预赛成绩进行排名后分组。平行回转赛赛道长度基本与小回转或大回转比赛相同。每组旗门数量最少 20 个，最多不超过 35 个，赛道宽度至少7 米。

五、团体回转

团体回转（Team slalom）即以团队组合形式进行的回转比赛，每队应包含 4 名运动员，最少由 2 名男运动员和 2 名女运动员组成，其他组合如3 名女运动员和 1 名男运动员、4 名女运动员组合也都为有效组合。比赛场地可为小回转或大回转比赛赛道，团体回转赛由总成绩决出，若出现平局，则由获得最佳个人成绩的队伍胜出。

第三节　轮滑回转器材装备介绍

合适的装备和器材是使练习者更加安全和愉快的保证。轮滑回转运动中，轮滑鞋是最重要的器材；其次是轮滑护具，其中必备的护具护手、护肘、护膝、护臀，建议增加使用手杖杆护手、护小臂、护腿板等其他保护装备，也可以使用全身上、下两件硬壳护甲作为代替；最后是轮滑回转相关的器材。

一、轮滑上鞋

上鞋是与身体接触最直接的装备，上鞋给予脚踝甚至小腿必要的支撑和保护，帮助运动员直接将力量传达给与地面直接接触的轮子。因此选择一双合适且舒适的轮滑上鞋是非常关键的。上鞋大致可分为碳纤维（一体式内胆）、硬壳（内胆式）、软壳（内胆式）三大类。没有基础或者初尝试者建议选购带有绑腿（CUFF）的硬壳和软壳作为入门鞋型，这样可以在保证舒适的前提下获得对腿部最大限度的支撑，过紧或过松的轮滑鞋会在长时间的滑行过程中对脚产生巨大伤害，过松的轮滑鞋也会使滑行变得难以控制。在经过一段时间的练习后觉得笨重的内胆式轮滑鞋不能带来足够的控制感时，可以开始考虑一体式内胆的轮滑上鞋。一体式内胆的轮滑上鞋材质一定要以碳纤维为主，以达到硬度，一体式内胆也根据个人腿部力量及习惯分为带绑腿（CUFF）、内置 CUFF、无 CUFF 三种，如之前有速滑项目且不产生倒踝的选手可考虑使用无 CUFF 一体碳纤上鞋，专业选手更多选择有一定支撑但完全不影响动作幅度的内置 CUFF 上鞋，与带 CUFF 上鞋相比在前后移动幅度完全获得了解放，在脚踝左右晃动时也对脚踝产生了足够支撑，使得选手在极限过门等情况下可以毫无顾虑地完成动作。带 CUFF 的上鞋对于刚刚接触一体式内胆的选手是相当的友好，无论在心理还是鞋子防磨性都有了非常好的体现，是更多大体重选手和全能型选手的最爱。但无论哪种轮滑鞋的选购，选择最合适的鞋码是最为重要的，否则长时间的滑行过程中，委屈的脚部会让选手对这项运动产生极大的抗拒心理，也失去了控制鞋子的主动权。

二、刀架

原则上所有轮子尺寸的刀架都可以参与到轮滑回转的运动当中，尤其是平地回转比赛在平地小回转比赛中短刀架能够给选手更为充足的短距离加速能力，低重心的长刀架更适合大回转等长距离滑行的项目，以达到最佳的滑行感受。在高山回转中最常使用的刀架配置为 4 毫米×110 毫米及 3 毫米×125 毫米两种配置，在高山回转的过程中高速行进的转弯动作需要有更强的侧向支撑能力及稳定性，于是长刀架便成了最优选。短刀架在高山回转中拥有最小的转弯半径，但也将小半径转弯造成的不稳定性和危险性带到了选手身上。

三、轴承

在轮滑回转中对轴承并无特别的要求，轴承可分为全陶、半陶、金属材质，又分全封、半封等封闭形式，同时还分 ABEC、ILQ、SG 等各种轴承精密度等级，但无论选择哪种类型的轴承都要保证足够频次的保养。首先轴承尺寸要与轮子及轴承穿钉尺寸匹配，另外转速参数能接受极速 60~80 千米/小时的滑行速度与轮子尺寸所带来的转速。每次运动前一定要对轴承进行检查，以免因为高温等情况在滑行中出现爆轴等危险情况。

四、轮子

由于尺寸与受力与速度轮滑近似，故可以考虑使用速滑轮进行使用，尽量选择密度较大的轮肉，尺寸要与的刀架所匹配，为了达到最好的过门侧向支撑力，尽量使轮子表明光滑，与地面接触时拥有最大的摩擦力。轮子硬度不宜过大，小于 85A 为优。轮毂坚固且不会在极限角度触碰地面。

五、头盔

头盔是每一个轮滑回转运动中都必须强制佩戴的护具，因为无论在山上还是平地都有极大的因为向心力而摔出去的危险，并且因为轮滑回转练习中会打杆，所以带有护颚的头盔变得尤为重要。衬里能够让头盔佩戴起来更加舒适，同时也能在发生碰撞时对头部起到缓冲作用。头盔尺寸要选择适合自己头围得尺寸，以能够带入后前后左右晃动头部，头盔不会与头部产生位移并且没有过于紧迫的压力感为优，建议购买前咨询商家。

六、护手

在轮滑回转练习时，手部是最容易受伤的部位之一，护手在手掌面上有个凸起的部分，这个坚硬的塑料插板可起到缓解撞击力的作用。

七、护肘

肘部是练习轮滑回转跌倒时容易受伤的部位，带有弹性的套筒式护肘可减少肘部的损伤。

八、护膝

护膝是膝盖重要的保护装备，护膝分为套筒式和护盖式，两者的前面都有一个坚实的塑料外壳罩着，内部有一个纤维垫，外壳可起到缓冲作用，内垫可承受摔倒时的冲击。

九、护臀

护臀主要保护臀部，避免摔伤的护具。通常由左右对称的两部分护具共同构成一套完整的护具。护具主体是护垫，它分为内外两层，外层为包层，内层为填充层，可有效防止臀部受伤。

十、手杖杆

手杖杆相比轮滑其他装备来说算是构造最为简单的一种了，主体一般由材质较轻的铝合金或碳纤维管构成，与滑雪手杖类似，有直杆与曲杆区别，初学者使用直杆可养成点杖和击杆的正确动作习惯，专业者选用曲杆以完成更大的滑行角度时蜷曲的身体动作。与滑雪手杖不同的是雪轮相对更小，接近滑雪手杖中空气动力雪轮；手柄位置除了有绑带以外，还有护手。尽量不选择可伸缩型手杖杆，由于结构较为复杂，重量会略重，在长时间练习过程中容易对手腕造成损伤，还会造成击杆动作的延迟。手杖杆长度测量方式：在穿着轮滑鞋的前提下，大臂自然下垂，小臂向前，双手握住手杖杆垂直点地，小臂平行地面即可。

十一、罩衣

大码的速滑服能够将所有护具穿戴齐备后穿于护具外遮罩，可将风阻系数降到最低，也可避免了由于硬质护具与旗门杆接触带来的剐蹭风险，同时也是各队伍名称以及品牌商展示自身的最佳位置。

十二、旗门杆

旗门杆是限定运动员滑行线路的标准。采用高分子材料聚碳酸酯等材料制成，杆和杆底采用金属连接，并且杆顶经过特殊加固处理，持久耐用，易于维护。配重底座，经过长期测试，采用耐低温耐磨高分子进口原材料浇注成型，放置牢固，安装便捷，易于维护。底座通常有两种不同结构：一种是金属配重底座，为防止斜坡中底座偏移问题，采用 10 千克以上扇形结构设计；另一种是折叠支架底座，平地训练使用较多，在不影响滑行的基础上使用三角接触地面的形式，保持旗门杆稳定。

十三、旗门刷

旗门刷通常采用高分子原材料聚碳酸酯加色母颗粒制成的丙纶丝，旗门刷底部采用聚碳锥形螺旋柄，使用专用黏合剂粘接而成，底座可与旗门杆底座通用。旗门刷总长度 50 厘米，刷柄长 15 厘米，刷柄直径 3 厘米，聚碳酸酯旗门刷主要优势是耐冲击性，抗弯曲，抗拉，抗压强度十分优越，使用温度为 60~120 摄氏度。旗门刷可大幅增加爱好者的滑行乐趣，也可用于举办的各种规则和水平的各项赛事。

十四、透风旗门布

透风旗门布主要用于大回转中将两个旗门杆组合使用时固定在旗门中间使用，增加选手辨识度。材质使用微弹涤纶混纺洞布网孔布精密细致加工而成，透风性良好。旗门布四角均有高弹松紧魔术贴固定带紧固，操作简单，不脱落。旗门布采用先进丝网印刷技术，不褪色，不变形，不撕裂。双板旗门布规格：50 厘米×70 厘米，颜色分为红、蓝两色。

十五、旗门设置

1. 旗门样式

轮滑回转比赛中，旗门的样式主要有两种，一种是双杆旗门适用于大回转、综合回转的大回转部分；另一种是单杆旗门适用于小回转比赛、综合回转小回转部分、平行回转、团体回转（图 2-4）。

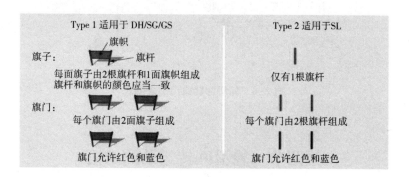

图 2-4 轮滑回转旗门样式

2. 基础旗门类型

轮滑回转比赛中，基础旗门类型的类型包括开门和直门两种。平门指大致垂直于滑行路线的旗门也叫开口门；直门指大致平行于滑行路线的旗门也叫闭口门（图 2-5）。

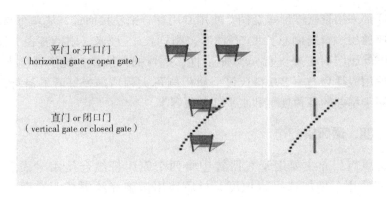

图 2-5　轮滑回转旗门类型

3. 旗门组合形式

轮滑回转运动中旗门组合形式通常有三种组合形式即发卡组合（由 2 个直门组合形成）、垂直组合（由 3~4 个直门组合形成）和减速旗门组合（由 2 个平门间夹 1 个直门组合形成）（图 2-6）。

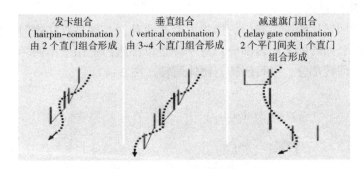

图 2-6　轮滑回转旗门组合形式

第四节　轮滑回转运动的术语

在轮滑回转技术的研讨、学习、实践中，会涉及许多专业术语，现将主要术语归纳如下：

（1）单杆：单杆更多使用在小回转中。

（2）双杆：双杆主要使用在大回转中，双杆情况下需要使用旗面连接在双杆之间，且容易脱落，防止运动员滑行发生危险。

（3）转向杆/外杆：在双门情况下，滑行靠近转弯处内侧门的内侧杆为转向杆，另一侧的内杆为外杆。

（4）单门：在无须使用双门的情况下可使用单门。

（5）双门：有三种情况必须使用双门，起始门、终点门和延迟门。

（6）门距：两个连续的转弯杆之间的直线距离为门距。

（7）横距：两个连续的转弯杆之间的垂直宽度为横距。

（8）开放式旗门：朝向滚落线方向观察双旗门，若为明显左右则为开放式旗门。

（9）封闭式旗门：朝向滚落线方向观察双旗门，若为明显前后则为封闭式旗门。

（10）半封闭式旗门：朝向滚落线方向观察双旗门，若斜向放置双旗门则为延迟门。

（11）组合门：

①H形门（H gate）：即两个开放式旗门+一个封闭式旗门。

②哈尔滨门（Hairpin gate）：即两个封闭式旗门。

③蛇形门（FLUSH gate）：即三个及三个以上封闭式旗门。

④延迟门（Banana gate）：即为应对赛道中出现的弯道危险情况设置的开放式旗门。

（12）重力：滑行者的体重可粗略理解为重力。

（13）重心：指人体总重力的作用点。其方向对向地球中心。重心在轮滑回转运动中，有时在体内，有时在体外（重心在轮滑回转运动中的移动方向是多维的，即前后、左右、上下移动的合成）。

（14）重心交换：一般指滑行转弯过程中重心左右的变换。

（15）重心投影点：一般指重心与地心连线通过地上的那一点。

（16）用力或施压：一般指通过腿与脚对轮滑鞋施加压力。

（17）滑降：指从山坡上向山坡下沿着滚落线基本直线滑行。

（18）转弯：指从山坡上向山坡下左右来回转换轮滑鞋运行方向的滑行。

（19）登坡：指穿着轮滑鞋向山坡上方移动。

（20）滚落线：一个球体从山顶向山下顺着山坡不改变运行方向滚动的完整直线。滚落线与地图等高线（落差线）相垂直。

（21）地面垂线：在斜坡上放置一个小球，小球所在位置与斜面的垂线则为地面垂线。

（22）线路：指由旗门和旗门构成的运动员必须按此滑行的线路。

（23）引身：由一个弯入下一个弯的过程中，通过膝关节由弯变直的动作，使整个人的重心完成一个由低到高转变的过程，借此释放轮子对地面的压力，顺畅进入下一个弯。

（24）轻身/加压：身体对地面释放/增加压力的过程。

（25）点杖：使用手杖杆接触地面，以加快和辅助引身。

（26）拧转：运动员在训练过程中摸索出的将上半身与轮滑鞋反方向扭转，可以更快地不断变向以达到更快地回转速度。

第三章　轮滑回转教学与训练

第一节　轮滑回转课程内容概要

一、课程介绍

轮滑回转运动是一项历史悠久的国际性体育运动，它不仅给人带来滑雪般的飞行感觉，还有释放激情、彰显个性、炫耀自我的快感。它集惊、险、奇、巧、美于一体，准入门槛低，不受年龄、身高、体重的限制，深受广大爱好者的喜爱。经常参加轮滑回转运动，能有效地增强人体的健康水平，促进身体素质的全面发展，提高平衡能力，改善人的心肺功能；同时能培养人勇敢、顽强的拼搏精神和一往无前的意志品质。

二、课程任务

（1）通过轮滑回转的学习和锻炼，使爱好者掌握轮滑回转基本的理论知识、技术和技能，培养轮滑回转运动的兴趣，提高运动能力，养成良好的体育锻炼习惯。

（2）通过轮滑回转的学习和锻炼，提高爱好者有氧代谢能力、神经反射能力，改善心肺功能，提高身体的协调性和平衡能力，增强脊柱和颈背力量，预防脊柱侧弯、驼背、近视等，促进良好身体姿态的长成。

（3）通过轮滑回转的学习和锻炼，提高环境适应能力；培养爱好者勇敢、顽强的思想品质和轻极限运动的精神；树立正确的世界观、人生观、价值观；培养积极果断的判断能力和不怕困难一往无前的作风。

三、课程内容

轮滑回转课程教学内容见表3-1。

表 3-1　轮滑回转课程教学内容

等级	课次	内容
初级课程	01	轮滑适应性练习
	02	轮滑基本站立
	03	轮滑摔倒与起立
	04	滑行基本姿势
	05	轮滑直道滑行
	06	轮滑刹车制动
	07	惯性转弯技术
	08	走滑步转弯
	09	压步转弯
	10	移动重心
	11	轮滑葫芦
	12	轮滑跳跃
	13	起跑与冲刺
	14	轮滑回转引导 1
	15	轮滑回转引导 2
中级课程	01	手杖杆推进
	02	平衡滑行
	03	滑行连续旗门杆
	04	牛仔转弯
	05	窄距转弯
	06	上半身静态水平练习
	07	平行转弯练习
	08	回转上半身矫正
	09	上半身平衡练习
	10	胯部平衡练习
	11	身形矫正
	12	手杖杆击打

续表

等级	课次	内容
高级课程	01	利用手杖杆转弯
	02	回转节奏练习
	03	跳跃式回转
	04	单脚回转练习 1
	05	单脚回转练习 2
	06	内侧单脚跳跃式回转练习
	07	翻刃练习
	08	单脚外内翻刃练习
	09	重心及指向性练习
	10	跳跃画弧回转
	11	脚踝转弯练习
	12	标枪式回转

第二节　轮滑回转教学练习方法

找一处坡度5%~15%的斜坡（无斜坡条件可选择平地练习，则忽略上坡类与下坡类相同动作，将"上坡/下滑过程中"更改为"有一定起跑速度后"），选择封闭式道路，以保证练习安全，需佩戴头盔等必要护具，手持手杖杆，在下坡、上坡均采用练习方式。

一、动态半程蹲起

在下滑过程中，双腿分开与肩同宽，双手端平手杖杆，在不减速的情况下做半蹲起动作，滑行中不需完全蹲下，只需臀部低于膝盖位置即可，持续反复蹲下起立动作。练习过程中，上半身保持垂直方向不变，减少滑行中的晃动，以达到最佳练习效果（图3-1）。

二、单腿交替半程蹲起

在下滑过程中，双手端平手杖杆，采用单脚支撑滑行，控制平衡做半蹲动作两次后换腿，浮腿小腿向后抬起，重心完全放置支撑腿上方，尽量控制直刃滑行。练习过程中，上半身可随重心变化而改变位置，但垂直方向不变，保持手杖杆平衡不晃动（图3-2）。

图 3-1　动态半程蹲起　　　　　图 3-2　单腿交替半程蹲起

三、上坡手杖杆同步推进

在上坡过程中，双腿弯曲，双脚向前，与肩同宽，手杖杆落点位于脚尖外前侧，身体下压，手臂将两个手杖杆同步向后推进，当达到身后极限位置时抬起重新回到落点处，身体前后上下移动（手杖杆处于落点时身体达到最高最后点，手杖杆处于身后极限位置时身体达到最低最前点），体会手杖杆向后推进的身形变化。练习过程中，可将手杖杆置于脚前、中、后各个位置体会手杖杆使用效率，找到最适合自己的手杖杆落地点，并不断加大手部力量，避免滑行中出现扎空等现象（图 3-3）。

四、上坡手杖杆同步推进单腿平衡

在上坡过程中，采用单腿支撑滑行，浮腿小腿向后抬起控制平衡，使用上坡手杖杆同步推进动作滑行，动作持续不落脚。练习过程中，注重手杖杆使用的稳定性，由于滑手在滑行过程中增加了单脚的不稳定性，则需增加单脚滑行练习频次，滑行过程中，增加上半身前后发力动作与手杖杆的配合使用（图 3-4）。

图 3-3 上坡手杖杆同步推进

图 3-4 上坡手杖杆同步推进单腿平衡

图 3-5 上坡滑行

五、上坡滑行

在上坡过程中，上半身采用手杖杆同步推进动作，身体朝向滑行方向，腿部正常滑行，注意落杆推进动作与腿部发力动作节奏一致，以达到最大滑行效率，使上坡达到最轻松的状态。练习过程中，切忌手杖杆不发力，可将手杖杆发力动作与滑行动作分解练习，蹬腿滑行后再使用手杖杆发力，习惯动作后将两者时间重叠一部分，达到快频次变换腿部与手杖杆发力（图3-5）。

六、上坡平衡滑行

在上坡过程中，双手端平手杖杆，保持上半身平衡不左右转动，单纯只依靠腿部滑行动作和上半身轻身/加压动作上坡。练习过程中，大腿发力感受重力带来的阻力感，利用身体起伏动作减轻腿部阻力感，并将上坡自然减速调整成匀速（图3-6）。

七、下坡平行转弯

在下坡过程中，沿S形滑行路线下降，双脚距离始终小于肩宽且距离固定，膝盖分开与双脚方向一致，使用脚后跟开始转弯，小臂向前抬起与地面平行，手握手杖杆自然下垂摆动，手杖杆动作小而轻。练习过程中，注意上半身方向始终朝向滚落线方向，使用胯部以下完成动作，视线要看向滑行方向（图3-7）。

图3-6　上坡平衡滑行　　　　　图3-7　下坡平行转弯

八、上坡平行转弯

在上坡过程中，沿S形滑行路线上行，动作与下坡平行转弯动作一致，但外侧腿在转弯时有明显蹬地动作，上身轻身/加压动作更为明显，注意双脚依旧保持平行状态。练习过程中，将每一次的转弯动作视为侧向蹬地动作，对赛事过程中变向角度有更为灵活的运用（图3-8）。

九、下坡牛仔转弯

在下坡过程中，沿S形滑行路线下降，双脚距离始终小于肩宽且距离固定，膝盖分开与双脚方向一致，使用前脚掌压刃开始转弯，小臂向前抬起与地面平行，手握手杖杆自然下垂摆动，手杖杆动作小而轻（图 3-9）。练习过程中，重点掌握外侧转弯脚的受力和内侧脚侧面与地面之间的角度，熟悉不漂移时的脚部受力情况（图 3-9）。

图 3-8　上坡平行转弯　　　　　　图 3-9　下坡牛仔转弯

十、上坡牛仔转弯

在上坡过程中，沿 S 形滑行路线上行，动作与下坡牛仔转弯动作一致，但双脚在转弯时动作更加快速，上身轻身/加压动作更为明显，注意双脚依旧保持平行状态。练习过程中，需重点了解内侧脚在转弯处的侧蹬发力，以起到保持上坡速度的作用（图 3-10）。

十一、下坡窄距转弯

在下坡过程中，沿 S 形滑行路线下降，双脚间距离始终贴近最多一拳距离，不夹膝，使用切换重心脚并压刃方式转弯，小臂向前抬起与地面平行，手握手杖杆自然下垂摆动，手杖杆动作小而轻。练习过程中，刻意地练习并脚滑行，在练习初期由于目视前方，则对脚步距离没有具体的测量概念，建议定点录制视频，观察视频中的动作，以达到窄距目的。内侧腿膝盖弯曲角度略小于外侧腿，膝盖位置收紧，利用双脚转弯的向心力带动双脚换刃（图 3-11）。

图 3-10　上坡牛仔转弯

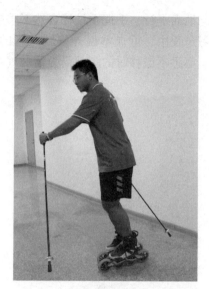

图 3-11　下坡窄距转弯

十二、下坡上半身保持静态水平

在下坡过程中，做下坡转弯动作，双手端平手杖杆，且保持上半身静态。练习过程中，上半身一直朝向滚落线方向，整体身位略低于直立身位，给转弯时的腿部留出弯曲空间，运动员需在训练初期实现上半身滑行稳定性的习惯，在后期面对旗门杆时才能有更好的应对方式（图3-12）。

十三、上坡上半身保持静态水平

在上坡过程中，做上坡转弯动作，双手端平手杖杆，且保持上半身静态。练习过程中，最主要克服的是来自蹬地滑行时带来的上下起伏感，本动作单独将稳定性提取出来，克服身体的自然晃动，对后面动作的练习有更好的理解和控制（图3-13）。

十四、下坡身后交叉手杖杆

在下坡过程中，做下坡转弯动作，手杖杆在背后交叉，从对侧胳肢窝位置伸出，保持上半身身形固定。本动作是在基本静态水平练习后采用的练习方式，练习过程中需强制固定上半身身形，使用视频拍摄记录的方式可以有效提高训练效果（图3-14）。

图 3-12 下坡上半身保持静态水平　　图 3-13 上坡上半身保持静态水平

十五、下坡前后手杖杆交叉碰

在下坡过程中，做下坡转弯动作，手杖杆在转弯时交替在身前身后做交叉碰撞动作。练习手杖杆摆动与转弯节奏。练习过程中，关键点就是转弯点处做出的手杖杆动作与下一个转弯点间的动作转换时机（图 3-15）。

图 3-14 下坡身后交叉手杖杆　　图 3-15 下坡前后手杖杆交叉碰

十六、下坡平行转弯手杖杆环绕身体

在下坡过程中，做下坡平行转弯动作，双手交替将手杖杆环绕身体，在转弯时完成双手交替动作。练习过程中，需克服由于手杖杆前后环绕动作，身体会产生的前后位移动作（图 3-16）。

(a)　　　　　　　　　　　(b)

图 3-16　下坡平行转弯手杖杆环绕身体

十七、下坡双手外侧交替手杖杆

在下坡过程中，做下坡转弯动作，双手交替将手杖杆从一侧交替至另一侧。练习过程中，转弯处都是外侧手握手杖杆，身体保持直立，外侧手向外侧展开，初期练习想象身体程 C 形过弯，常见问题如上半身与腿部程直线，胯部以下动作不灵活，在遇到不等距旗门杆的情况下身体调整速度过慢等（图 3-17）。

十八、上坡双手外侧交替手杖杆

在上坡过程中，做上坡转弯动作，双手交替将手杖杆从一侧交替至另一侧。练习过程中，相比较下坡动作更容易出现节奏问题，因为增加了发力蹬地的动作，手部发力动作需要延迟在腿部动作后（图 3-18）。

图 3-17　下坡双手外侧交替手杖杆

图 3-18　上坡双手外侧交替手杖杆

十九、下坡垂直上举手杖杆回转

在下坡过程中，做更大转弯半径的下坡平行转弯动作（小回转动作），双手将手杖杆垂直向上举起并保持上半身平衡。练习过程中，除上半身保持稳定以外，手部动作同样重要，使用手杖杆直立的形式更容易增强平衡控制力及手部力量控制（图 3-19）。

二十、上坡垂直上举手杖杆回转

在上坡过程中，做更大转弯半径的上坡平行转弯动作（小回转动作），双手将手杖杆垂直向上举起并保持上半身平衡。练习过程中，需克服由于转弯蹬地发力所带来的身体左右晃动，更为精准训练运动员手部控制力（图 3-20）。

二十一、上坡手杖杆身后水平放置

在上坡过程中，做小回转动作，双臂身后伸直，握住手杖杆尖和把手。练习过程中，由于双臂完全伸直，则很容易观察到身体是否出现了侧摆动作，克制手杖杆与身体的摩擦，保持不动状态，利用胯部扭动抵消转弯带来的晃动（图 3-21）。

二十二、下坡臀部控制手杖杆

将手杖杆尖和把手相连，固定在臀部上方，并保持左右平衡，在下坡过程中，小臂抬起，用臀部控制手杖杆左右摆动。感受胯部运动。练习过程中，初期容易出现身体与手杖杆无关系的各自摆动，可将与身体接触的位置下移，过弯使用内侧胯部带动保持手杖杆平衡（图3-22）。

图3-19　下坡垂直上举手杖杆回转

图3-20　上坡垂直上举手杖杆回转

图3-21　上坡手杖杆身后水平放置

图3-22　下坡臀部控制手杖杆

图 3-23　上坡臀部控制手杖杆

二十三、上坡臀部控制手杖杆

将手杖杆尖和把手相连，固定在臀部上方，并保持左右平衡，在上坡过程中，小臂抬起，用臀部控制手杖杆左右摆动。感受胯部运动。练习过程中，由于腿部发力动作，外侧胯部会出现上提等错误动作，提高胯部转弯时的稳定性和发力点掌握（图3-23）。

二十四、下坡双手背后外侧交替手杖杆

在下坡过程中，做下坡转弯动作，双手背后交替将手杖杆从一侧交替至另一侧。练习过程中，身体保持直立，外侧手向后外侧展开，避免出现身体向前弯曲的错误动作，依旧初期练习想象身体程 C 形过弯，提高手臂三头肌灵活度（图3-24）。

(a)

(b)

图 3-24　下坡双手背后外侧交替手杖杆

二十五、下坡双杆向前击打

在下坡过程中，做下坡转弯动作，在转弯时双手将手杖杆同时向前做出小幅度击打动作（手臂不动，手腕发力）。练习过程中，小臂端平，手杖杆与地面呈45度斜角，右下至上抖动手腕完成摆动动作，前期练习可与转弯节奏一致，后期练习需手部动作先于腿部转弯动作（图3-25）。

二十六、上坡双杆向前击打

在上坡过程中，做上坡转弯动作，在转弯时双手将手杖杆同时向前做出小幅度击打动作（手臂不动，手腕发力）。练习过程中，动作同下坡击打动作，但初期即可练习手部动作先于腿部转弯侧蹬动作，注意击打动作时身体依旧是面向前方，不能因手腕动作而产生肩部变向的情况（图3-26）。

图3-25 下坡双杆向前击打　　图3-26 上坡双杆向前击打

二十七、下坡双杆侧向击打

在下坡过程中，做下坡转弯动作，在转弯时双手将手杖杆同时向身体外侧做出小幅度击打动作（用手杖杆侧向扎地动作），下一转弯处变换方向至另一侧。练习过程中，手腕带动小臂及大臂完成动作，身体尽量保持向前的方向，杆尖与地面接触不需产生动力（图3-27）。

二十八、下坡铲脚转弯

在下坡过程中，沿S形滑行路线下降，双脚距离始终小于肩宽且距离固定，膝盖分开双脚方向一致，使用双脚交替前后移动，依靠身体方向改变转弯，小臂向前抬起与地面平行，手握手杖杆自然下垂摆动，手杖杆动作小而轻。练习过程中，内侧脚发力可稍大于外侧脚，以产生更小的转弯角度（图3-28）。

图 3-27　下坡双杆侧向击打　　　　　图 3-28　下坡铲脚转弯

二十九、下坡滑行回转

在下坡过程中，沿S形滑行路线下降，用滑行动作，在转弯时外侧脚单脚支撑，内侧脚紧贴外侧脚，出弯后支撑脚向侧蹬后抬起，小臂向前抬起与地面平行，手握手杖杆自然下垂摆动，手杖杆动作小而轻。练习过程中，注意双脚交替时机，确保顺畅不跳跃，不要出现向外侧迈腿的动作（图3-29）。

三十、上坡滑行回转

在上坡过程中，沿S形滑行路线下降，用滑行动作，在转弯时外侧脚单脚支撑，内侧脚紧贴外侧脚，出弯后支撑脚向侧蹬后抬起，小臂向前抬起与地面平行，手握手杖杆自然下垂摆动，手杖杆动作小而轻（图3-30）。

图 3-29　下坡滑行回转

图 3-30　上坡滑行回转

三十一、下坡外侧单脚跳跃式回转

在下坡过程中，沿 S 形滑行路线下降，用外侧单脚跳跃动作，在转弯时外侧脚单脚落地支撑，内侧脚紧贴外侧脚，出弯后支撑脚侧蹬跳跃至下一转弯点，交替支撑脚，小臂向前抬起与地面平行，手握手杖杆自然下垂摆动，手杖杆动作小而轻（图 3-31）。

三十二、下坡外侧单脚跳跃式回转交替手杖杆

在下坡过程中，采用下坡外侧单脚跳跃式回转动作，双手交替将手杖杆从一侧交替至另一侧。练习过程中，由于过弯时腿部是伸直状态，而手部是弯曲等待发力状态，可将两个动作分解适应后再连贯练习（图 3-32）。

图 3-31　下坡外侧单脚跳跃式回转

(a)   (b)

图 3-32   下坡外侧单脚跳跃式回转交替手杖杆

三十三、下坡跳跃式回转

在下坡过程中，沿 S 形滑行路线下降，用双脚同时跳跃动作，在转弯时双脚落地，出弯后双脚同时侧蹬跳跃至下一转弯点，上半身采用转弯处点杖动作，内侧手杖杆在转弯时向弯道圆心方向（内侧脚前外侧）点杖，不需要推进动作将手杖杆自然甩至身后抬杆，手杖杆点地可起到一部分支撑作用（图 3-33）。

三十四、下坡单脚回转

在下坡过程中，沿 S 形滑行路线下降，使用单脚滑行动作，浮腿小腿紧贴支撑腿小腿，感受转弯换刃，小臂向前抬起与地面平行，手握手杖杆自然下垂摆动，手杖杆动作小而轻。注意左右腿都需要练习（图 3-34）。

三十五、上坡单脚回转

在上坡过程中，沿 S 形滑行路线上滑，用单脚滑行动作，浮腿小腿紧贴支撑腿小腿，感受转弯换刃，与下坡不同的是，上坡需要更大的单脚侧蹬力，小臂向前抬起与地面平行，手握手杖杆自然下垂摆动，手杖杆动作小而轻。注意左右腿都需要练习。练习过程中，由于坡度中单脚发力有限，则需运动员更多的使用大腿发力，更为高效的运用身体结构完成动作（图 3-35）。

(a)

(b)

图 3-33　下坡跳跃式回转

图 3-34　下坡单脚回转

图 3-35　上坡单脚回转

三十六、下坡单脚回转平衡练习

在下坡过程中，沿 S 形滑行路线下降，用单脚滑行动作，浮腿小腿向后抬起，感受转弯换刃，双手端平手杖杆，尽量保持上半身平衡。可由髋部带动转弯，注意左右腿都需要练习（图3-36）。

三十七、下坡单脚回转平衡交替练习

同下坡单脚回转平衡练习一致，在单脚过三个弯后换脚，适应重心变化。练习过程中，尽量减少换脚带来的身体侧移问题，让换刃及换脚动作更为流畅，练习中的换刃及换脚时机要一致，换腿中浮腿由后向前顺势滑出，做出替换脚的动作。

三十八、下坡内侧单脚跳跃式回转

在下坡过程中，沿S形滑行路线下降，使用内侧单脚跳跃动

图3-36　下坡单脚回转平衡练习

作，在转弯时内侧脚单脚落地支撑，外侧脚向后抬起，出弯后支撑脚侧蹬跳跃至下一转弯点，交替支撑脚，小臂向前抬起与地面平行，手握手杖杆自然下垂摆动，手杖杆动作小而轻（图3-37）。

三十九、下坡单脚内外翻刃

在下坡过程中，沿S形滑行路线下降，用外侧脚在转弯处内刃落地，后单脚滑行至下一转弯点时转变为外刃最小角度后抬起，另一侧脚内刃落地。可理解为左右交替叠步（压步），小臂向前抬起与地面平行，手握手杖杆自然下垂摆动，手杖杆动作小而轻（图3-38）。

四十、上坡单脚内外翻刃

在上坡过程中，沿S形滑行路线上行，用外侧脚在转弯处内刃落地，后单脚滑行至下一转弯点时转变为外刃最小角度后抬起，另一侧脚内刃落地。可理解为左右交替叠步（压步），上半身采用转弯处点杖动作，内侧手杖杆在转弯时向弯道圆心方向（内侧脚前外侧）点杖，不需要推进动作将手杖杆自然甩至身后抬杆，手杖杆点地起到一部分支撑作用。注意翻刃后的侧向推动力和上下轻身/加压动作要更加明显（图3-39）。

(a)   (b)

图 3-37　下坡单脚回转平衡交替练习

(a)   (b)

图 3-38　下坡单脚内外翻刃

四十一、下坡单脚外内翻刃

在下坡过程中，沿 S 形滑行路线下降，用内侧脚在转弯处外刃落地，

(a)　　　　　　　　　　　　　(b)

图 3-39　上坡单脚内外翻刃

后单脚滑行至下一转弯点时转变为内刃最小角度后抬起，另一侧脚外刃落地。小臂向前抬起与地面平行，手握手杖杆自然下垂摆动，手杖杆动作小而轻（图 3-40）。

四十二、上坡单脚外内翻刃

在上坡过程中，沿 S 形滑行路线上行，用内侧脚在转弯处外刃落地，后单脚滑行至下一转弯点时转变为内刃最小角度后抬起，另一侧脚外刃落地。上半身采用转弯处点杖动作，内侧手杖杆在转弯时向弯道圆心方向（内侧脚前外侧）点杖，不需要推进动作将手杖杆自然甩至身后抬杆，手杖杆点地起到一部分支撑作用。注意翻刃后的侧向推动力和上下轻身/加压动作要更加明显（图 3-41）。

四十三、下坡单脚外内翻刃交替手杖杆

在下坡过程中，沿 S 形滑行路线下降，用内侧脚在转弯处外刃落地，后单脚滑行至下一转弯点时转变为内刃最小角度后抬起，另一侧脚外刃落地。双手身前交替将手杖杆从一侧交替至另一侧（图 3-42）。

四十四、下坡外侧重心转移滑行回转

在下坡过程中，沿 S 形滑行路线下降，用滑行动作的同时身体做出向

外侧引导动作，用身体使得转弯半径更大，在转弯时外侧脚单脚支撑，内侧脚紧贴外侧脚，出弯后支撑脚向侧蹬后抬起，小臂向前抬起与地面平行，手握手杖杆自然下垂摆动，手杖杆动作小而轻（图3-43）。

图3-40　下坡单脚外内翻刃　　　　图3-41　上坡单脚外内翻刃

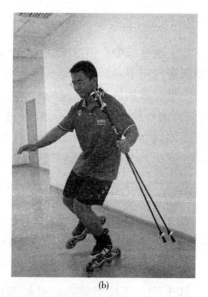

(a)　　　　　　　　　　(b)

图3-42　下坡单脚外内翻刃交替手杖杆

(a)　　　　　　　　　　　　(b)

图 3-43　下坡外侧重心转移滑行回转

四十五、下坡跳跃画弧回转

在下坡过程中，沿 S 形滑行路线下降，在内侧单脚跳跃动作后画弧，在转弯前内侧脚单脚落地支撑，外侧脚向后抬起，出弯后支撑脚侧蹬跳跃至下一转弯点前，交替支撑脚，小臂向前抬起与地面平行，手握手杖杆自然下垂摆动，手杖杆动作小而轻（图 3-44）。

(a)　　　　　　　　　　　　(b)

图 3-44　下坡跳跃画弧回转

四十六、下坡内侧脚指向性回转

在下坡过程中，沿 S 形滑行路线下降，双脚距离始终小于肩宽且距离固定，膝盖分开，用脚后跟开始转弯，内侧脚带动方向，类似双脚 hockey stop 动作，小臂向前抬起与地面平行，手握手杖杆自然下垂摆动，手杖杆动作小而轻（图 3-45）。

四十七、下坡脚踝连续转弯

在下坡过程中，用脚踝做两次小幅度双脚换刃转弯后接一次下坡平行转弯动作，注意双脚在做脚踝转弯时双脚距离不超过一拳及平行转弯动作后的重心控制，小臂向前抬起与地面

图 3-45 下坡内侧脚指向性回转

平行，手握手杖杆自然下垂摆动，手杖杆动作小而轻（图 3-46）。

(a)　　　　　　　(b)

图 3-46 下坡脚踝连续转弯

四十八、上坡脚踝连续转弯

在上坡过程中，使用脚踝做两次小幅度双脚换刃转弯后接一次上坡平行转弯动作，注意双脚在做脚踝转弯时双脚距离不超过一拳及平行转弯动作后的重心控制，小臂向前抬起与地面平行，手握手杖杆自然下垂摆动，手杖杆动作小而轻。

四十九、下坡单脚跳跃回转点地

在下坡过程中，沿 S 形滑行路线下降，用外侧单脚跳跃动作，在转弯前外侧脚单脚落地支撑，内侧脚紧贴外侧脚轻点地转弯，出弯后支撑脚侧蹬跳跃至下一转弯点前，交替支撑脚，小臂向前抬起与地面平行，手握手杖杆自然下垂摆动，手杖杆动作小而轻（图 3-47）。

(a)   (b)

图 3-47 下坡单脚跳跃回转点地

五十、下坡标枪转弯

在下坡过程中，沿 S 形滑行路线下降，用外侧单脚画弧动作，在转弯时外侧脚单脚落地支撑，内侧脚紧贴外侧脚向上抬起至小腿位置，出弯后支撑脚侧蹬至下一转弯点，交替支撑脚，小臂向前抬起与地面平行，手握手杖杆自然下垂摆动，手杖杆动作小而轻（图 3-48）。

图 3-48　下坡标枪转弯

第三节　轮滑回转特色活力课程（一）

一、初级课程 01

（一）教学名称
轮滑适应性练习。

（二）教学目标
（1）了解轮滑运动；

（2）熟悉轮滑护具的穿戴方法；

（3）掌握站立的基本方法。

（三）教学准备
器材：呼啦圈、标志桶、塑料筐、伴奏音乐、小贴画若干。

（四）教学过程

1. 课前准备

教学开始前，教练倒计时提醒队员相关准备事项：

（1）提醒队员上厕所；

（2）水杯放在指定区域；

（3）教具与器材归位。

2. 破冰游戏（5分钟）

游戏：开火车。

方法：将队员分成人数约等的甲、乙两组。甲组队员之间间隔一定距离，每两人面对面站立，双手上举手拉手搭成"山洞"；乙组全部队员成一列纵队成一列火车。当教练说"火车开动了"，扮演"山洞"的甲组学员同时踏右脚发出"轰、轰——"的声音，扮"火车"的乙组学员整齐地穿过山洞，发出"呜、呜——"的声音。当火车穿过山洞后，乙组队员从车尾开始，每两人面对面迅速架成山洞，此时甲组的山洞则迅速排成一列火车来穿过山洞。

3. 热身运动——自编轮滑操（5分钟）

（1）第一节：准备运动（4×8拍）。

第一个八拍：1~4拍原地踏步（左脚先踏），同时双手自然摆臂。

5~8拍原地踏步（左脚先踏），同时双手在胸前击掌。

第二个八拍：同第一个八拍。

第三个八拍：1~4拍原地踏步（左脚先踏），同时双手自然摆臂。

5~6拍双膝微屈半蹲，同时双手放在膝盖上。

7~8拍还原直立。

第四个八拍：同第三个八拍。

（2）第二节：侧压运动（4×8拍）。

第一个八拍：1~2拍左脚向左侧方迈出呈半蹲，同时双手放在左腿上。

3~4拍还原直立。

5~6拍右脚向右侧方迈出呈半蹲，同时双手放在右腿上。

7~8拍还原直立。

第二个八拍：同第一个八拍，但方向相反。

第三个八拍：1~4拍左脚向左侧方迈出，同时左手叉腰，右手上举，往左手方向侧压两次。

5~8拍还原直立。

第四个八拍：同第三个八拍，但方向相反。

（3）第三节：点地运动（4×8拍）。

第一个八拍：1拍左脚前点，同时左手侧平举，右手前平举。

2拍时还原直立。

3 拍右脚前点,同时左手前平举,右手侧平举。

4 拍时还原直立。

5 拍左脚侧点,同时左手侧平举。

6 拍时还原直立。

7 拍右脚侧点,同时右手侧平举。

8 拍时还原直立。

第二个八拍:同第一个八拍。

第三个八拍:1~4 拍左脚先后点地,右脚再后点地,同时双手叉腰。

5~8 拍左脚侧点,同时左手侧平举。

注:6 拍时还原直立;7 拍时右脚侧点,同时右手侧平举;8 拍还原直立。

第四个八拍:同第三个八拍。

(4)第四节:摆臂运动(4×8 拍)。

第一个八拍:1~3 拍原地踏步(左脚先踏),同时双手叉腰。

4 拍右脚向右侧方迈出,双手叉腰。

5~8 拍握拳交换摆直臂,前摆收于胸前。

第二个八拍:1~6 拍继续握拳直臂,前摆收于胸前。

7~8 拍还原直立。

第三个八拍:同第一个八拍,但出脚方向相反。

第四个八拍:同第二个八拍。

(5)第五节:下肢运动(4×8 拍)。

第一个八拍:1 拍左脚后脚跟向前迈出一小步点地,同时双手放在左脚膝盖上。

2 拍收回,还原直立。

3 拍右脚后脚跟向前迈出一小步点地,同时双手放在右脚膝盖上。

4 拍收回,还原直立。

5~8 拍同 1~4 拍动作。

第二个八拍:1 拍右脚向右侧侧出一步(与肩同宽),同时双手前平举,并半蹲一次。

2 拍成直立姿势,但手和脚不收回。

3 拍半蹲一次。

4 拍成直立姿势,但手和脚不收回。

5~6 拍同 3~4 拍。

7~8 拍还原直立。

第三个八拍：同第一个八拍。

第四个八拍：同第二个八拍，但出脚方向相反。

（6）第六节：协调运动（4×8 拍）。

第一个八拍：1 拍左脚向左前方迈出一步（成弓步姿势），同时双手握拳左手摆直臂，右手收于胸前。

2~4 拍交替摆臂。

5 拍右脚向右前方迈出一步（成弓步姿势），同时双手握拳右手摆直臂，左手收于胸前。

6~8 拍交替摆臂。

第二个八拍：1~6 拍同第一个八拍，7~8 拍还原直立。

第三个八拍：1 拍左脚向侧方迈出，同时双手握拳，两臂胸前平屈。

2~3 拍前臂从左至右顺时针绕环。

4 拍还原直立同时双手胸前击掌。

5~8 拍同 1~4 拍但方向相反。

第四个八拍：同第三个八拍。

4. 主题课程

（1）身体素质练习（20 分钟）。

①练习内容 1：小兔拔萝卜。

【情景导入】大家都听过《小兔拔萝卜》的故事吗？小兔种的萝卜已经成熟了，就让我们一起去帮小兔拔萝卜吧！

【规则与要求】将队员分成人数约等的两队，两名教练各负责一队。以场地的一条白线作为起点，前方约 15 米的地方有一块萝卜地，种满了许许多多各色的萝卜（可用多种颜色的标志碟代替）。教练规定第一轮只拔红色的萝卜，每队排头队员听到教练的口令后出发，每人每次只能拔一个萝卜，拔完返回后要与本队的下一名队员击掌接力，击掌后队员才能出发，依次进行。将红色萝卜拔完，再拔其他颜色的萝卜。

②练习内容 2：小兔运萝卜。

【情景导入】小兔们，你们看咱们拔的萝卜多不多呀？那现在我们一起把拔出的大萝卜都运回家吧！

【规则与要求】将队员分成人数约等的两队，两名教练各负责一队。教练首先将两队刚才拔到的萝卜收集在一起，然后以场地的一条白线作为起点，要求小兔们将拔到的萝卜运到对面的家（可用塑料筐代替）。在回家的路上有很多树枝、石头、水坑等障碍（可用标志桶、呼啦圈等代替设

47

置），小兔们要用跳的方式来避开障碍。规定小兔每次只能运一个萝卜，运到对面的家后返回，并与本队后面的队友击掌接力，击掌后队员才能出发，依次循环将萝卜全部运完。

◆课间休息（3 分钟）。补水要求队员独立完成；如厕建议家长陪同前往。

（2）轮滑基础练习（20 分钟）。

①护具的穿戴。初学者戴头盔的时候，要注意头盔的前后方向，头盔前面应压至眉毛上方，额头处应被头盔全部罩上，头盔后面应把后脑全部罩上。扣带松紧要适度，确保头盔在头上不能上下左右的晃动，使头盔固定的在头部，起到更好的保护作用。佩戴护肘和护膝时，注意区分护具的大小和上下面。大的是护膝，小的是护肘。碗形大头朝上，小头朝下。佩戴护掌时有硬板隆起的那一面应在掌心。

②站立的方法。

a. V 形站立。两脚尖外展 45 度左右呈 V 形，脚跟靠拢，平视前方，上体微前倾，两臂自然下垂于体侧，膝关节微屈，重心在两脚中间，避免两脚的轮子前后滑动，保持稳定站立。

b. A 形站立。双脚开立宽于肩膀，两脚尖所示方向的延长线相结合，形成一个 A 形，用双脚的内轮刃支撑着地，有利于保存平衡。上体稍前倾，两膝微屈，重心落在两脚中间，保持稳定站立。

③适应性练习。

a. 原地踏步。初学者建议在草地上或地毯上进行，首先呈基本姿势站立，加大上体前倾角度，双臂自然下垂至膝关节处并置于胸前，目视前方，待稳定后，大腿用力抬起，轮子离开地面约 10 厘米的高度后把脚缓慢放到地面，双脚交替做原地踏步动作。

b. 原地转身。呈基本姿势站立，双脚站稳后，挺胸抬头目视前方，双臂侧平举，两手握拳，一只脚外八字分开，随后另一只脚跟随靠拢，重复这一动作至身体在原地旋转 360 度，然后按照相同动作再向相反旋转。

5. 放松运动（5 分钟）

游戏：小猪吹泡泡。

方法：队员们手拉手围成一个圆圈，教练说"吹泡泡"，队员们将手拉直，泡泡变大；教练说"吐泡泡"，队员们将手臂放下，泡泡变小了（可重复 3~4 次）。

6. 集合与道别（2 分钟）

课程结束教练需对队员的课堂学习表现进行小结，建议多以肯定和鼓励为主，最后教练与队员们相互道别。

注：下课后通常队员还会继续玩一会儿，教练须限定好时间，时间一到，就需将教具回收，场地还原。

（五）课后作业

（1）轮滑适应性练习；

（2）站立方法的练习。

二、初级课程02

（一）教学名称

轮滑基本站立。

（二）教学目标

（1）轮滑适应性练习；

（2）掌握轮滑站立的方法；

（3）熟悉轮滑起立与坐下的方法。

（三）教学准备

器材：旗门杆、海绵棒、标志碟、呼啦圈、伴奏音乐、小贴画若干。

（四）教学过程

1. 课前准备

教学开始前，教练倒计时提醒队员相关准备事项：

（1）提醒队员上厕所；

（2）水杯放在指定区域；

（3）教具与器材归位。

2. 破冰游戏（5分钟）

游戏：穿篱笆。

方法：将队员分成人数约等的两组，其中一组站成一排手拉手扮演成"篱笆桩"，另一组弯腰屈膝手拉手绕着篱笆桩成"S"形来回穿过3~4次，穿过之后又迅速站成一排手拉手扮扮演"篱笆桩"，先前的一组则快速弯腰屈膝手拉手穿过"篱笆桩"，循环3~4次。

3. 热身运动——轮滑操（5分钟）

（1）准备运动（4×8拍）。

（2）侧压运动（4×8拍）。

（3）点地运动（4×8拍）。

（4）摆臂运动（4×8拍）。

(5) 下肢运动（4×8 拍）。

(6) 协调运动（4×8 拍）。

4. 主题课程

（1）身体素质练习（20 分钟）。

①练习内容 1：小马丛林运竹。

【情景导入】小马和大熊猫是一对非常要好的朋友。这一天小马从草原跑到丛林来找大熊猫玩耍，但是大熊猫家没有多少竹子可吃了，于是大熊猫就请小马帮忙运送一些竹子。

【规则与要求】将队员分成人数约等的两队，两名教练各负责一队。以场地的一条白线作为起点，小马需要穿过丛林到达对面的终点，帮助熊猫运竹子。丛林中有许多高大的树木（可用旗门杆代替），小马需要沿着 S 形的路线绕过大树。每队第一个队员听到教练的口令后出发，用快速跑的方式，以 S 形路线穿过丛林到达终点取到"竹子"（可用海绵棒代替），然后快速原路返回。每次只能运一根竹子，返回后先和本队后面的队员击掌接力，击掌后队友才能出发，依次进行。

②练习内容 2：竹子运回家。

【情景导入】小马帮大熊猫从丛林中运回许多竹子，但天快黑了，小马着急赶回家，剩下的竹子就只能由大熊猫一根一根地运回家。

【规则与要求】将队员分成人数约等的两队，两名教练各负责一队。以场地的一条白线作为起点，各队先将刚才小马帮忙运回的竹子集合到一起，这次大熊猫需用手膝爬的方式把竹子运回家，每次只能运送一根竹子。教练发令后，每队排头队员俯身跪地以手膝爬的方式，爬到前面的"家"（可放置一个呼啦圈作为大熊猫的家），然后返回与本队队友击掌接力，击掌后的队员才能出发，依次进行。

◆课间休息（3 分钟）。补水要求队员独立完成；如厕建议家长陪同前往。

（2）轮滑基础练习（20 分钟）。

①适应性练习。

a. 原地左右移动。两脚平行站立，略宽于肩。身体略微前倾，眼睛平视前方 5~6 米处，两臂自然放于背部，左手握住右手手腕，膝关节微屈，重心在两脚中间，保持两脚平行。上体向一侧移动并逐步将身体重心移至一条支撑腿上，另一条腿辅助维持平衡。停顿控制 30 秒左右，上体再向另一条腿移动并将重心移至该腿上。

b. 原地蹲起。呈基本姿态站稳后，双臂平行向前抬起，目视前方，双手握拳，待稳定后，双腿慢慢下蹲，蹲至大腿与地面平行为止，稳定 5 秒后，双腿缓缓蹲起至基本姿态，重复多次可明显降低初次穿轮滑鞋站立的恐惧感。

　　c. 原地单腿支撑。呈基本姿态站稳后，重心先移到一条腿上，另一条腿微屈上抬，离地约 10 厘米后落下站稳。依照上述方法交换重心进行单腿支撑练习。反复练习后，增加单腿抬起的高度和单腿支撑的时间。

　　②站立的方法。

　　a. T 形站立。两脚呈 T 形站立，两眼平视前方，上体微前倾，两臂自然下垂于体侧，两腿收住，膝关节微屈，后脚弓部靠近前脚跟，重心控制在两脚支撑面中。建议初学者在扶杆帮助下进行练习。

　　b. 平行站立。双脚平行分开稍窄于肩，间距约 10~20 厘米，两脚尖稍内扣，上身放松，膝关节微屈，重心在两脚之间，保持两脚平行。

　　③起立与坐下。

　　a. 起立：想要起立时，侧转时以双膝跪地，并注意双脚稍分开。在右脚立起的时候，重心应随之移到右脚支撑，并主动提臀，以双手扶按住右膝，准备起立。右脚主动用力站起时，随动收落左脚，呈基本站立姿势。

　　b. 坐下：想要坐下时，应稍屈膝，躯干前倾，双手掌心朝前，平抬于胸部。在屈膝下蹲过程中，随势收髋，躯干加大前倾角度，以免向后摔倒。全蹲后身体主动侧倾，以手掌撑地。支撑手同侧的腿伸直，同时臀部着地。

5. 放松运动（3 分钟）

游戏：包饺子。

方法：队员们每两人一组一起包饺子，一边说着"包饺子，包饺子，捏、捏、捏"，一名队员就帮另一名学员捏一捏，揉一揉，相互放松，然后两人角色互换（可重复 2~3 次）。

6. 集合与道别（2 分钟）

课程结束教练需对队员的课堂学习表现进行小结，建议多以肯定和鼓励为主，最后教练与队员们相互道别。

注：下课后，通常队员还会继续玩一会儿，教练须限定好时间，时间一到，就需将教具回收，场地还原。

（五）课后作业

（1）轮滑适应性练习；

（2）起立与坐下练习。

三、初级课程03

（一）教学名称

摔倒与起立。

（二）教学目标

（1）轮滑适用性练习；

（2）掌握轮滑运动摔倒后起立的方法。

（三）教学准备

器材：海绵棒、体操垫、标志桶、伴奏音乐、小贴画若干。

（四）教学过程

1. 课前准备

教学开始前，教练倒计时提醒队员相关准备事项：

（1）提醒队员上厕所；

（2）水杯放在指定区域；

（3）教具与器材归位。

2. 破冰游戏（5分钟）

游戏：动物模仿秀。

方法：队员在教练的指令下模仿动物的大致身体形态、走路姿势或者声音。当队员听见教练的口令后，迅速做出与动物相符的动作和声音，并在场地内自由行走。比如教练说出"小青蛙"，学员就应做出青蛙的模样，并发出"呱、呱——"的声音。

3. 热身运动——轮滑操（5分钟）

（1）准备运动（4×8拍）。

（2）侧压运动（4×8拍）。

（3）点地运动（4×8拍）。

（4）摆臂运动（4×8拍）。

（5）下肢运动（4×8拍）。

（6）协调运动（4×8拍）。

4. 主题课程

（1）身体素质练习（20分钟）。

①练习内容1：小马过河。

【情景导入】小马长大了，在妈妈的指导和帮助下已经学会了很多本领如过独木桥、跳过水坑等，这次小马就要离开妈妈，准备自己去远方独自寻找食物。

【规则与要求】将队员分成人数约等的两队，在起点线后排成两路纵队做好准备。比赛开始，每队排头队员迅速向前跑进，途中会遇到一些障碍如需要踩过大石头（可用体操垫代替）、跨过小河（可用两根海绵棒代替），最后跑完到队尾排队（路线是椭圆形跑道一圈）。第二个队员听教练的口令才能出发，同样也是用快速跑的方式通过各种障碍，依次进行，直到每名队员都完成。

②练习内容2：双马奔腾。

【情景导入】小马孤苦伶仃地来到青青大草原，举目无亲。忽然，看见草原的那头还有一匹形影单只的小马，两匹孤单的小马相见无比高兴，一路奔腾。

【规则与要求】将队员分成人数约等的两队，每两名队员为一组，跨骑在海绵棒上在起点线后做好准备。比赛开始，两名队员沿跑道快跑一圈，完成后到队尾排队（路线是椭圆形跑道一圈），第二组队员听见教练的发令后才能出发，同样跨骑在海绵棒上用快速跑的方式完成从起点到终点，依次进行，直到每名队员都完成。

◆课间休息（3分钟）：补水要求队员独立完成，如厕建议家长陪同前往。

（2）轮滑基础练习（20分钟）。

①滑动适应性练习。

a. 原地小步跑动。在熟练掌握穿上轮滑鞋原地踏步的基础上，可练习原地小步跑动。要求练习者保持较低的基本姿势，重点降低，收腹团身，轮滑鞋抬离地面保持在5厘米即可，两脚交替抬离地面跑动，随着对轮滑鞋的控制力的增强可逐渐增加跑动的频率。

b. 两脚平行前后滑动。初学者穿好轮滑鞋后双手扶杆，做原地双脚前后交替的滑轮动作。身体呈基本姿势，双手扶住栏杆，两脚交替前后滑动，身体重心不要过前，也不要过后，做动作时体会轮子与地面接触及滑动的感觉，随着动作的熟练与控制能力的增强可加大前后滑动的幅度。

②摔倒与起立。

a. 摔倒。在初学轮滑时，摔倒是难免的，在摔倒不可避免时，如何防止受伤，是一门技巧。当身体失去平衡，摔倒时根据练习者摔倒的方向分为向前摔倒、向侧摔倒和向后摔倒三种。

向前摔倒。身体向前摔倒时，双腿弯曲，上体前倾，双手变掌，待双膝快接近地面时准备跪地。跪地前，首先掌根触地的同时十指上翘前推，然后双肘和双膝同时触地。头抬起，目视前方。

向侧摔倒。身体向侧摔倒时，双腿弯曲，上体前倾，身体重心移至同侧脚上，另一侧腿、脚自然地倒在地面上，两手变掌，准备触地，同侧手掌根触地后前推过渡到同侧肘关节。同时臀部落地，双手掌根撑地。

向后摔倒。身体向后摔倒时，双腿弯曲，身体下蹲，尽量使身体重心向前落。双手变掌，掌心向下，双手掌根撑地时，臀部和肘关节同时落地，两腿抬起。头抬起，防止头部触地。

b. 起立。摔倒后无论身体呈何种姿态，首先要做的第一点就是使身体翻转至肚皮朝下，呈双膝跪地，双手撑地姿态。待稳定后，一条腿抬起至单膝跪地状态，重心放至前腿。之后再把后腿向前抬起，使两脚平行或靠拢状态。感到稳定后，双手用力推地面使上体慢慢抬起。

5. 放松运动（3分钟）

游戏：吹跑大灰狼。

方法：教练扮演"大灰狼"，队员们大口吸气，然后对着大灰狼的方向，用力吹气，看能否将大灰狼吹跑，大灰狼可适当加于配合，前后左右晃动（可重复2~3次）。

6. 集合与道别（2分钟）

课程结束教练需对队员的课堂学习表现进行小结，建议多以肯定和鼓励为主，最后教练与队员们相互道别。

注：下课后，通常队员还会继续玩一会儿，教练须限定好时间，时间一到，就需将教具回收，场地还原。

（五）课后作业

（1）轮滑适应性练习；

（2）摔倒与起立练习。

四、初级课程04

（一）教学名称

滑行基本姿势。

（二）教学目标

（1）熟练掌握轮滑的基本滑行姿势；

（2）掌握轮滑的V形行走技术。

（三）教学准备

器材：标志桶、纸箱、呼啦圈、伴奏音乐、小贴画若干。

（四）教学过程

1. 课前准备

教学开始前，教练倒计时提醒队员相关准备事项：

（1）提醒队员上厕所；

（2）水杯放在指定区域；

（3）教具与器材归位。

2. 破冰游戏（5分钟）

游戏：听口令做动作。

方法：学员间隔一定的距离，在教练的口令下，迅速做出相应的动作。比如教练说出"蹲下""起立""向后一步走""向前两步跳""金鸡独立（单脚站立）""原地转圈后向后退一步"等，学员则做出相应的动作。

3. 热身运动——轮滑操（5分钟）

（1）准备运动（4×8拍）。

（2）侧压运动（4×8拍）。

（3）点地运动（4×8拍）。

（4）摆臂运动（4×8拍）。

（5）下肢运动（4×8拍）。

（6）协调运动（4×8拍）。

4. 主题课程

（1）身体素质练习（20分钟）。

①练习内容1：小猴追逐。

【情景导入】乐趣森林里的小猴子们听说香蕉树上的香蕉成熟了，争先恐后地朝香蕉树方向跑去，都想抢得树上最高处那根又大又甜的香蕉。

【规则与要求】将队员分成人数约等的两队，以场内的某个点作为起点，两队排头队员在起点线后做好准备。听到出发口令后，第一组排头队员向前跑进约4~5米，第二组的排头队员才开始同方向向前奔跑，在限定2圈的距离内，努力追上前方队员，如此循环。

②练习内容2：跳过巨石阵。

【情景导入】乐趣森林里的小猴子们想把摘下的香蕉运送回山洞，但是要翻过一座乱石岗，小猴子们该怎么办呢？

【规则与要求】将队员排成一路纵队在起点线后做好准备。沿场内四周无规律的摆放许多巨石（可用纸箱、标志桶等代替）。教练发令后，队伍排头队员向前跑进，途中遇到各类巨石，均采用跳跃的方式跳过巨石，然后回到起点，击掌接力，下一名队员依次进行。

◆课间休息（3分钟）：补水要求队员独立完成；如厕建议家长陪同前往。

（2）轮滑基础练习（20分钟）。

①滑行基本姿势。上体放松，身体略微前倾，大腿屈成130~150度，小腿前弓成80度左右，双脚平行站好，间距约25厘米，重心在两脚之间，两脚用力均匀，稳定平衡，两眼正视前方10米处。

②V形行走。V形行走俗称前溜，是轮滑滑行的基础。首先双脚呈V形站立；其次双脚原地踏步，膝关节微屈，脚要直起直落，用力踏向地面，同时身体重心随着两脚左右移动；再次在原地踏步站稳的条件下，一只脚支撑重心，另一只脚向前步，重心移至迈步脚，同时另一只脚抬起向前迈出，进行向前小步行走练习，逐渐增加行走的频率和步幅；最后反复练习逐渐增加单脚滑行的距离和两脚推的力度。

5. 放松运动（3分钟）

游戏：切西瓜。

方法：全体队员手拉手围成一个大圆圈变成一个"大西瓜"，教练说"我要切西瓜了"，学员们迅速放开手走到场地的另一端，然后手拉手又变成另一个"大西瓜"（可重复2~3次）。

6. 集合与道别（2分钟）

课程结束教练需对队员的课堂学习表现进行小结，建议多以肯定和鼓励为主，最后教练与队员们相互道别。

注：下课后，通常队员还会继续玩一会儿，教练须限定好时间，时间一到，就需将教具回收，场地还原。

（五）课后作业

（1）轮滑适应性练习；

（2）V形行走练习。

五、初级课程05

（一）教学名称

轮滑直道滑行。

（二）教学目标

（1）掌握轮滑的单蹬双滑技术；

（2）熟练掌握轮滑刹车器制动的方法。

（三）教学准备

器材：旗门杆、沙包、呼啦圈、标志桶、伴奏音乐、小贴画若干。

（四）教学过程

1. 课前准备

教学开始前，教练倒计时提醒队员相关准备事项：

（1）提醒队员上厕所；

（2）水杯放指定区域；

（3）教具与器材归位。

2. 破冰游戏（5分钟）

游戏：大风来了。

方法：当教练说"大风来了，吹到了……"，学员的身体就要一起跟着摇摆。如风吹到柳树，学员就要扮成柳枝，把手高搞举起，带动手臂、胳膊、腰部等肢体动作随风摇摆。也可变成动物，如大象一起摇头、小鸟一起飞翔等。

3. 热身运动——轮滑操（5分钟）

（1）准备运动（4×8拍）。

（2）侧压运动（4×8拍）。

（3）点地运动（4×8拍）。

（4）摆臂运动（4×8拍）。

（5）下肢运动（4×8拍）。

（6）协调运动（4×8拍）。

4. 主题课程

（1）身体素质训练（20分钟）。

①练习内容1：青蛙抓害虫——跳得高。

【情景导入】小青蛙一生中要学会很多本领，你们知道小青蛙要学会哪些本领吗？

【规则与要求】将队员分成人数约等的两队，两队排头队员从起点出发，跳过池塘上的荷叶（可用呼啦圈代替）来到终点的大树下，树上有很多"害虫"（可在旗门杆上悬挂一些沙包代替），小青蛙奋力一跳可能否"抓到害虫"？抓到后原路返回，抓不到的可多跳几次试试。

②练习内容2：青蛙跳接力——跳得远。

【情景导入】青蛙是动物界著名运动健将，它们的跳跃能力非常出色，最高可达到身长的10倍。

【规则与要求】将队员分成人数约等的两队，在起点线后做好准备。两队排头队员从起点出发，连续跳2步并记录好落脚位置。第二名队员站在第一名队员落脚位置上，也连续跳2步，以接力的方式进行，最后比较哪个队跳得更远。

③练习内容3：青蛙跳跳赛——跳得快。

【情景导入】跳是青蛙最擅长的本领，他们不仅跳得高、跳得远，也跳得快。

【规则与玩法】将队员分成人数约等的两队，以场内的某个点作为起点，两队排头队员在起点线后做好准备。听见出发口令后，两队的第一名队员出发后大约2米，本队的第二名才出发，试图追上前面的队员，教练控制好出发时间，如此循环。

◆课间休息（3分钟）：补水要求队员独立完成；如厕建议家长陪同前往。

（2）轮滑基础练习（20分钟）

①单蹬双滑技术。在滑行过程中通过以单脚的蹬地来获得动力，之后收回蹬地脚借助惯性向前滑行一段距离，并保持双脚滑行的基本滑行技术，称为单蹬双滑。如左脚蹬后收回，与右脚平行滑行，即为一个单蹬双滑的过程。

②刹车器制动。刹车器刹停指通过以轮滑鞋刹车器着地摩擦来减慢滑行速度直至停止滑行的技术。用刹车器制动时，刹车脚往前伸，刹车脚勾起脚尖，下蹲，重心前移，施加压力，直至停止。

5. 放松运动（3分钟）

游戏：吹气球。

方法：全体队员面向教练站立，双手拇指和其余四指分开，在嘴前围成一个小圆圈，变成一个小气球，听见教练说"吹气球，吹、吹……"学员们开始往圆圈里吹气，两手慢慢变大（气球变大）；当吹到一定程度时，教练说"嘣，气球吹爆了"，学员们就迅速下蹲坐在地上（可重复2~3次）。

6. 集合与道别（2分钟）

课程结束教练需对队员的课堂学习表现进行小结，建议多以肯定和鼓励为主，最后教练与队员们相互道别。

注：下课后，通常队员还会继续玩一会儿，教练须限定好时间，时间一到，就需将教具回收，场地还原。

（五）课后作业

（1）单蹬双滑练习；

（2）刹车器制动练习。

六、初级课程06

（一）教学名称

轮滑刹车制动。

（二）教学目标

（1）掌握轮滑左右蹬地交替滑行的技术；

（2）熟练掌握轮滑 A 形制动的技术。

（三）教学准备

器材：标志碟、呼啦圈、海绵棒、伴奏音乐、小贴画若干。

（四）教学过程

1. 课前准备

教学开始前，教练倒计时提醒队员相关准备事项：

（1）提醒队员上厕所；

（2）水杯放在指定区域；

（3）教具与器材归位。

2. 破冰游戏（5 分钟）

游戏：吸铁石。

方法：队员们将一只手幻想成一块磁性极强的吸铁石，手碰着任何地方都会被吸在一起，可以吸自己、同伴或其他任何物体等。假如想要将吸铁石和被吸物分开，则需要将另一只手插入吸铁石和被吸物之间，然后移动带有磁性的吸铁石手。

3. 热身运动——轮滑操（5 分钟）

（1）准备运动（4×8 拍）。

（2）侧压运动（4×8 拍）。

（3）点地运动（4×8 拍）。

（4）摆臂运动（4×8 拍）。

（5）下肢运动（4×8 拍）。

（6）协调运动（4×8 拍）。

4. 主题课程

（1）身体素质训练（20 分钟）。

①练习内容 1：小熊运木料。

【情景导入】小熊在丛林中发现了许多好吃的，就是离家太远了，所以小熊决定重新修建一个新家。

【规则与要求】将队员分成人数约等的两队，以场内的某个点作为起点，两队排头队员在起点线后做好准备。教练发令后，两队排头队员向前跑进，将 10 米处的木料（可用海绵棒代替）运送到前方的新家（可用呼啦圈代替）。排头队员跑出约 3~4 米后，第二名队员才出发，依次出发直至将木料全部运送完成，运送完成返回队伍末尾排队。

②练习内容2：小熊运蜂蜜。

【情景导入】大家有看过《熊出没》吗？你们知道熊大和熊二最喜欢吃什么吗？

【规则与要求】将队员分成人数约等的两队，以场内的某个点作为起点，在起点处有很多的蜂蜜（可用标志碟代替），两队排头队员在起点线后做好准备。

发令后，排头队员从起点出发，手持标志碟到达终点，将标志碟放于呼啦圈内，然后迅速返回，同本队下一名队员击掌接力，此后依次进行，直到本队所有队员全部完成。

◆课间休息（3分钟）：补水要求队员独立完成；如厕建议家长陪同前往。

（2）轮滑基础练习（20分钟）。

①交替蹬地交替滑行。身体呈基本蹲屈姿势，双脚呈外八字形，肩与左轮所指方向相同，右腿内轮刃用力蹬地。与此同时，身体重心移至左腿，在右腿收回过程中，左腿支撑向前滑行。当双腿并拢时就变成借助于惯性的双蹲滑行。接着左腿用力蹬地，按照右腿动作要领继续完成动作。如此反复进行练习并逐渐加大蹬地力量，延长滑行的距离。

②A形制动。两脚向两侧蹬地形成两脚滑行，双膝微屈内扣，两脚内刃着地，两脚距离略宽于肩。两脚脚尖内扣成A形，重心落在两脚中间略偏脚跟处，脚跟用力向外张，利用轮子内刃与地面的摩擦起到减速制动的作用。

5. 放松运动（3分钟）

游戏：踢一踢。

方法：在背景音乐的伴奏下，教练说"轻轻地踢脚"，队员们就双脚交替轻轻踢；教练说"快快地踢"，队员们就快速地双脚交替快快地踢（可重复2~3次）。

6. 集合与道别（2分钟）

课程结束教练需对队员的课堂学习表现进行小结，建议多以肯定和鼓励为主，最后教练与队员们相互道别。

注：下课后，通常队员还会继续玩一会儿，教练须限定好时间，时间一到，就需将教具回收、场地还原。

（五）课后作业

（1）双脚蹬地交替滑行；

（2）A形制动练习。

七、初级课程 07

（一）教学名称

惯性转弯技术。

（二）教学目标

（1）掌握轮滑的侧蹬技术；

（2）熟练掌握轮滑的惯性转弯技术。

（三）教学准备

器材：标志桶、体操垫、绳梯、沙包、排球、伴奏音乐、小贴画若干。

（四）教学过程

1. 课前准备

教学开始前，教练倒计时提醒队员相关准备事项：

（1）提醒队员上厕所；

（2）水杯放在指定区域；

（3）教具与器材归位。

2. 破冰游戏（5分钟）

游戏：弹簧手指。

方法：把手指想象成一根弹性十足的弹簧，一经碰到任何物体就会把自己弹起来。当教练说开始后，学员可以寻找任何物体，用弹簧手指触碰物体，触碰后学员将会被弹"飞"起来，被弹向左右侧，也可被弹向前后方。

3. 热身运动——轮滑操（5分钟）

（1）准备运动（4×8拍）。

（2）侧压运动（4×8拍）。

（3）点地运动（4×8拍）。

（4）摆臂运动（4×8拍）。

（5）下肢运动（4×8拍）。

（6）协调运动（4×8拍）。

4. 主题课程

（1）身体素质练习（20分钟）。

①练习内容1：动物模仿秀。

【情景导入】乐趣森林里住着许多小动物，都有各自独特的本领。现在，我们都来模仿一下你最喜欢的小动物吧！

【规则与要求】将队员分成人数约等的两队，成两路纵队站立于起点线后做好准备，两名教练各负责一队。

a. 大象行走：第一轮"平地走"，队员排成纵队在场内模仿大象走路的样子；第二轮"软垫悬崖走"，在场内用体操垫摆出间距约 30 厘米的"悬崖"，大象沿着悬崖边行走。

b. 蚂蚁搬家：队员排成两路纵队，仰面四肢着地，臀部抬起不能着地，腹部放一个沙包，模仿蚂蚁运送食物。

②练习内容 2：挑战云梯。

【情景导入】乐趣森林的小猴子活泼机灵、惹人喜爱。但是最近听说开始有点顽皮了，不是用前肢抓屁股、后肢挠痒痒，就是窜来窜去、跳来跳去，一刻也不停。

【规则与要求】在场内用多个体操垫搭成一个约 30 厘米高的斜坡，然后把绳梯铺在上面形成一个云梯。将队员分成人数约等的两队，两名教练各负责一队。

a. 走云梯。教练做好保护，引导队员一步一步走上云梯，开始挑战。注意落脚点应放在体操垫的中央，勿踩在体操垫的边缘上。

b. 跳云梯。在场内用体操垫搭成一个斜度，斜度最高处用多个体操垫重叠搭成一个高度约 1 米跳台，跳台的四周均铺上体操垫。队员在教练的协助下沿着云梯到达跳台，站稳后，从高台上跳下。

◆课间休息（3 分钟）：补水要求队员独立完成；如厕建议家长陪同前往。

（2）轮滑基础练习（20 分钟）。

①单蹬单滑技术。单蹬单滑技术是指在单蹬双滑基础上，在蹬地滑行过程中，当蹬地脚完成蹬地动作收回时，勾收于支撑脚后侧，保持单脚滑行，待滑行速度达到最快并开始减慢时，蹬地脚再落回原位；当蹬地脚着地时，重心已同时移动，原支撑脚变蹬地脚，同时向后外侧做蹬收动作。此过程中，双脚几乎没有同步着地滑行阶段，看起来都是单脚蹬收滑行。

②惯性转弯。以左转弯为例，两脚向两侧交替蹬地向前滑行，形成一定速度，两脚并行略靠近。左脚略向前，右脚靠后。双膝向左侧压，促使两个轮子向左侧压地，同时重心略向左移，在克服离心力的状态下，两脚前后平行，借助惯性顺着圆弧前滑，完成转弯动作。

5. 放松运动（3 分钟）

游戏：小球来按摩。

方法：在音乐的伴奏下，队员们横排坐下地上，两脚并拢伸直，将排球放在腿上来回滚动进行放松。

6. 集合与道别 (2分钟)

课程结束教练需对队员的课堂学习表现进行小结，建议多以肯定和鼓励为主，最后教练与队员们相互道别。

注：下课后，通常队员还会继续玩一会儿，教练须限定好时间，时间一到，就需将教具回收，场地还原。

（五）课后作业

(1) 单蹬单滑练习；

(2) 惯性转弯练习。

八、初级课程08

（一）教学名称

走滑步转弯。

（二）教学目标

(1) 掌握轮滑的侧蹬与摆臂的协调配合技术；

(2) 熟悉掌握轮滑的走滑步转弯技术。

（三）教学准备

器材：标志桶、海绵棒、绳梯、呼啦圈、伴奏音乐、小贴画若干。

（四）教学过程

1. 课前准备

教学开始前，教练倒计时提醒队员相关准备事项：

(1) 提醒队员上厕所；

(2) 水杯放在指定区域；

(3) 教具与器材归位。

2. 破冰游戏 (5分钟)

游戏：抱团打天下。

方法：让全体队员沿着场地四周快速跑动，教练站场地中央。当教练喊出某个数字后，学员要迅速按照数字凑成一团。比如教练说"5"，大家要迅速凑成5人一组并紧紧抱成一团，不许外来人员侵犯。

3. 热身运动——轮滑操 (5分钟)

(1) 准备运动 (4×8拍)。

(2) 侧压运动 (4×8拍)。

(3) 点地运动 (4×8拍)。

（4）摆臂运动（4×8 拍）。

（5）下肢运动（4×8 拍）。

（6）协调运动（4×8 拍）。

4. 主题课程

（1）身体素质训练（20 分钟）。

①练习内容 1：动物跳跃大赛。

【情景导入】今天乐趣森林里小动物们要举办一场森林运动会，擅长跳跃的小动物们都来参加啦，我们一起去看一看吧！

【规则与要求】将队员分成人数约等的两队，在起点线后排成两路纵队做好准备。听见发令后，两队排头队员通过扮演各种小动物的跳跃方式，从起点出发，到达终点，然后返回与本队的下一名队员进行接力，依次进行。

a. 小兔跳比赛：双脚连续跳过绳梯。

b. 袋鼠跳比赛：跳过一定高度的物体（可用海绵棒代替）。

c. 青蛙跳比赛：用四肢着地跳过呼啦圈（可穿戴好轮滑护具）。

d. 羚羊跳比赛：一只受伤的羚羊，用单脚跳过呼啦圈。

②练习内容 1：背向起跑。

【情景导入】森林运动会中不仅有擅长跳跃的动物们，还有许多擅长奔跑的动物，大家猜猜看，谁跑得快呢！

【规则与要求】将队员分成若干组，每组 6~8 人，在起跑线后，做好起跑的预备姿势或呈站立起跑姿势，开始时队员背对终点，蹲着（或站立）起跑线后。听见教练发令后，队员迅速转身起跑，快速地冲过终点。

◆课间休息（3 分钟）：补水要求队员独立完成；如厕建议家长陪同前往。

（2）轮滑基础练习（20 分钟）。

①侧蹬摆臂配合。身体呈蹲屈姿态，两臂分别置于两腿膝关节外侧，这是摆臂配合前的准备姿态，把这一动作称为"手臂归位"。当左腿侧蹬时，左臂随即向前摆动，右臂向后摆动，当侧蹬腿收回靠拢时，手臂随即收回归位。当右侧腿侧蹬时，右臂随即向前摆动，左臂向后摆动。当侧蹬腿收回靠拢时，手臂随即收回归位，手臂动作与腿部动作要做到协调一致。

②走滑步转弯。在初步向前滑行或半走半滑时，如要向右转弯，则每一次迈步落脚时向右转动 10~15 度，使滑行路线逐渐成弧线形，身体也随之向右转弯；如向左转弯滑行，则方向为向左，动作方法相同。

5. 放松运动（3分钟）

游戏：自由舞会。

方法：在音乐的伴奏下，每两个队员为一组，手拉手围成一个圆圈，让队员们自由地跳起舞来。

6. 集合与道别（2分钟）

课程结束教练需对队员的课堂学习表现进行小结，建议多以肯定和鼓励为主，最后教练与队员们相互道别。

注：下课后，通常队员还会继续玩一会儿，教练须限定好时间，时间一到，就需将教具回收，场地还原。

（五）课后作业

（1）侧蹬摆臂练习；

（2）走滑步转弯练习。

九、初级课程09

（一）教学名称

压步转弯。

（二）教学目标

（1）陆地交叉步模仿练习；

（2）掌握轮滑交叉压步走转弯技术。

（三）教学准备

器材：卡纸、剪刀、画笔、旗门杆、标志碟、大龙球、自制拼图、伴奏音乐、小贴画若干。

（四）教学过程

1. 课前准备

教学开始前，教练倒计时提醒队员相关准备事项：

（1）提醒队员上厕所；

（2）水杯放在指定区域；

（3）教具与器材归位。

2. 破冰游戏（5分钟）

游戏：拼拼凑凑。

方法：课前教练将诸如动物、食物、成语、古诗等内容清晰、工整地画在卡纸上，然后将卡纸剪成一张张拼图。课中将拼图块混合在一起分发给队员，让队员依据拼图块的内容，迅速将整个拼图拼凑完整。

3. 热身运动——轮滑操（5分钟）

（1）准备运动（4×8拍）。

（2）侧压运动（4×8拍）。

（3）点地运动（4×8拍）。

（4）摆臂运动（4×8拍）。

（5）下肢运动（4×8拍）。

（6）协调运动（4×8拍）。

4. 主题课程

（1）身体素质训练（20分钟）。

①练习内容1：玩转龙球。

【情景导入】大家知道这是什么吗？它叫大龙球，它可好玩啦（教练展示大龙球，并做拍龙球、滚龙球、坐龙球的动作示范）。下面，我们就和龙球一起来做游戏吧！

【规则与要求】将队员分成人数约等的两队，成两路纵队站立于起点线后做好准备。听见出发口令后，两队排头队员与龙球处于平行关系，双手推着龙球横向跑进，到达折返点后返回，回到起点线与本队的下一名队员接力，依次循环。

②练习内容2：龙球拾贝。

【情景导入】海滩边有许多形态各异、五彩斑斓的贝壳，我们一起坐上大龙球去拾贝壳吧！

【规则与要求】将队员分成人数约等的两队，成两路纵队站立于起点线后做好准备，两名教练各负责一队。将大龙球置于地上，在其前方满地都是贝壳（可用各色的标志碟代替），队员蹲下趴在龙球上双手打开，教练一手抓紧队员的腿，一手保护队员的腰部，让身体随球向前滚进，直至双手能触到地面，捡起前方的"贝壳"（标志碟）为止。

◆课间休息（3分钟）：补水要求队员独立完成；如厕建议家长陪同前往。

（2）轮滑基础练习（20分钟）。

①陆地交叉步模仿。身体呈基本姿态，两手自然下垂置于体侧即可。稳定后，右腿侧蹬把身体蹬向左侧，此时鼻尖与左腿膝关节对齐。然后，右腿用大腿带动小腿抬起，膝关节领先从左脚的上方交叉掠过落地，两脚靠拢，这时，鼻尖应对准右腿膝关节，重心往右腿上转移。稳定后，左腿向右侧蹬出至膝关节蹬直，左脚鞋的外侧着地，右腿成为支撑腿向左侧倾倒。待稳定后，左腿大腿带动小腿，膝关节逐渐弯曲，向右腿支撑腿侧回

收，与此同时，右腿用力侧蹬把身体蹬向左侧，随即左腿落地成为支撑腿，完成一个动作复步。

②连续交叉压步走转弯。以左转弯为例，其动作要点是，右腿的向左交叉压步和左腿的向左还原动作要尽量连贯，产生了向左移动的惯性后，身体要自然地向左倾斜。此时双腿的支撑轮刃是右脚的内轮刃着地、左脚的外轮刃着地。

5. 放松运动（3分钟）

游戏：慢车过洞。

方法：队员们一个跟着一个变成长长的小火车，慢慢地走，当听见教练说"小火车过山洞啦"，小火车就慢慢蹲下来；当听到教练说"小火车出山洞啦"，小火车又缓缓地站起来，慢慢地走。

6. 集合与道别（2分钟）

课程结束教练需对队员的课堂学习表现进行小结，建议多以肯定和鼓励为主，最后教练与队员们相互道别。

注：下课后，通常队员还会继续玩一会儿，教练须限定好时间，时间一到，就需将教具回收，场地还原。

（五）课后作业

（1）陆地交叉步模仿练习；

（2）连续交叉步走转弯练习。

十、初级课程10

（一）教学名称

移动重心。

（二）教学目标

（1）熟练掌握轮滑运动的重心转移技术；

（2）掌握轮滑的双脚平行过桩技术。

（三）教学准备

器材：旗门杆、标志碟、绳梯、体操垫、毛绒玩具、卡纸、伴奏音乐、小贴画若干、打印好的A5纸。

（四）教学过程

1. 课前准备

教学开始前，教练倒计时提醒队员相关准备事项：

（1）提醒队员上厕所；

（2）水杯放在指定区域；

（3）教具与器材归位。

2. 破冰游戏（5分钟）

游戏：小侦探。

方法：课前教练将动物或者队员的照片打印在 A5 纸上备好。课中将打印的内容贴在队员的背后（不能让队员知道内容），然后队员开展找人问问题，对方只能回答"是"或"不是"。例如，我背后画的是人吗？如果队员猜出背后所贴的内容，要将正确答案告诉教练，可以继续留在人群中，回答别人的问题。若猜错了将继续直到猜出背后神秘内容为止。

3. 热身运动——轮滑操（5分钟）

（1）准备运动（4×8 拍）。

（2）侧压运动（4×8 拍）。

（3）点地运动（4×8 拍）。

（4）摆臂运动（4×8 拍）。

（5）下肢运动（4×8 拍）。

（6）协调运动（4×8 拍）。

4. 主题课程

（1）身体素质练习（20分钟）。

①练习内容 1：玩转绳梯。

【情景导入】大家在动物园见过小猴爬梯子吗？乐趣森林里的小猴子们个个争着爬梯子去摘果子，走，我们一起去瞧一瞧吧！

【规则与要求】全体队员在绳梯后呈两路纵队站立，教练先将每一个绳梯的练习方法进行讲解和示范，然后带领队员开始练习。

a. 单脚协调跑过绳梯，要求一步 1 格，可进行 3~4 轮。

b. 单脚协调跑过绳梯，要求跨跳动作一步 2 格，可进行 3~4 轮。

c. 双脚连续跳过绳梯，要求是一步 1 格，可进行 3~4 轮。

②练习内容 2：救护伤员。

【情景导入】大家见过救护车吗？（教练可模拟发出救护车的声音），知道急救电话号码是多少吗？我们乐趣森林里的小熊生病了，要赶紧送往医院，大家一起来帮忙吧！

【规则与要求】将队员分成每两人一组，每一组发放一个体操垫，练习两人协作搬运体操垫（注意观察队员搬运的方式：有纵向的、有横向的、有面对面的、有背对背的、有面对背的等）。

a. 第一轮：两人为一组，从场内的某点出发，抬着担架（可用体操垫代替）运送伤员（可用毛绒玩具代替），沿场地四周运送一圈回到起点。教练在第一轮结束后进行小结，让队员们说说哪组队员搬运方式又快又稳。

b. 第二轮：运用大家总结的最优化的救护方式，再来一次 120 急救，看看哪组急救伤员又快又稳。

◆课间休息（3 分钟）：补水要求队员独立完成；如厕建议家长陪同前往。

（2）轮滑基础练习（20 分钟）。

①大幅度重心移动。在双摆臂及侧蹬收腿动作的基础上练习，首先左右移动滑行方向以 45 度为佳。侧蹬滑出，支撑腿和脚向 45 度方向滑行，重心完全落在支撑腿上，脚踝外倒，侧蹬收腿阶段，轮子要始终贴着地面画半弧收回靠拢至支撑腿，之后再向另外一侧 45 度滑行，收腿动作相同，需要注意的是左右移动过程要保持两脚及脚踝倾倒方向一致，形成合力，不得骑重心滑行，随着动作的熟练可逐渐加大左右移动的距离。

②双脚平行过桩。为了提高脚下的灵活性及对轮滑鞋的控制能力，采用双脚平行过桩练习方法，以 1 米桩距为标准，摆放 20 个飞碟桩，身体直立，膝关节微屈，双脚靠拢同时蹬动呈 S 形绕桩，随着动作的熟练可逐渐加快绕桩的速度。

5. 放松运动（3 分钟）

游戏：木头人。

方法：在音乐的伴奏下，队员们跟在教练后面慢慢地走，当听见教练说"木头人，不许说话，不许动"，所有队员立马停止前进静止不动（可重复 2~3 次）。

6. 集合与道别（2 分钟）

课程结束教练需对队员的课堂学习表现进行小结，建议多以肯定和鼓励为主，最后教练与队员们相互道别。

注：下课后，通常队员还会继续玩一会儿，教练须限定好时间，时间一到，就需将教具回收，场地还原。

（五）课后作业

（1）陆地重心移动练习；

（2）双脚平行过桩练习。

十一、初级课程 11

（一）教学名称

轮滑葫芦。

（二）教学目标

（1）熟练掌握轮滑单腿连续侧蹬技术；

（2）掌握轮滑的前画葫芦技术。

（三）教学准备

器材：旗门杆、小篮球、标志桶、标志碟、海绵棒、玻璃绳、伴奏音乐、小贴画若干。

（四）教学过程

1. 课前准备

教学开始前，教练倒计时提醒队员相关准备事项：

（1）提醒队员上厕所；

（2）水杯放在指定区域；

（3）教具与器材归位。

2. 破冰游戏（5分钟）

游戏：挑战数数字。

方法：教练组织所有队员围成一个圆圈，指定从某一人开始从1~50按照顺时针的方向一个数一个数地数，事先规定遇见"几"或者"几的倍数"时，以拍掌表示。数到50之后又迅速按照逆时针的方向继续从1~50依次数数，挑战失败的即被淘汰。

3. 热身运动——轮滑操（5分钟）

（1）准备运动（4×8拍）。

（2）侧压运动（4×8拍）。

（3）点地运动（4×8拍）。

（4）摆臂运动（4×8拍）。

（5）下肢运动（4×8拍）。

（6）协调运动（4×8拍）。

4. 主题课程

（1）身体素质练习（20分钟）。

①练习内容1：火炬传递。

【情景导入】大家看过奥运会比赛吗？奥运会开幕式有一个特别重要的仪式就是传递火炬，今天我们将用火炬传递来开始一系列的挑战吧！

【规则与要求】将队员分成人数约等的两队，两名教练各负责一队，以场内的一条白线作为出发点，前方约15米处设有"折返点"（可以旗门杆代替）。

a. 第一轮：传递"火球"（可用小篮球代替）。听见出发口令后，队员持"火球"向前跑进，绕过前方折返点后返回，与本队的第二名队员进行接力，依次进行。

b. 第二轮：将小号标志桶倒立着放上小篮球，作为"火炬"。两队排头队员听见出发口令后，手持火炬快速奔跑到"折返点"后迅速返回，返回后和本队第二名队员进行"火炬"交接，接到"火炬"的队员才能出发，依次循环，直至全队完成交接。

注：传递途中若遇火球掉地，可原地捡起放好后再继续传递；不能用手压着火球奔跑传递。

②练习内容2：勇闯电网。

【情景导入】大家知道生活中哪些电器需要用电才能工作？你们有过被静电电击的经历吗（教练用手反复摩擦衣服，看能否产生静电）？

【规则与要求】教练先用海绵棒进行演示和提问，当电网扫过地面即将碰到脚的时候，该怎样躲过？当电网扫向身体上半身的时候，又该怎么躲过？最后将2~3条海绵棒系在玻璃绳上，两名教练双手各持电网一端形成两个"移动的电网"，一会儿高、一会儿低、一会儿快、一会儿慢，队员们或用跳或用蹲来躲避电网防止被击中（需根据队员的能力来把握，勿出现危险）。

◆课间休息（3分钟）：补水要求队员独立完成；如厕建议家长陪同前往。

（2）轮滑基础练习（20分钟）。

①单腿连续侧蹬滑行。在场地上摆放一个飞碟桩作为中心点，利用单腿连续侧蹬绕桩转弯滑行，支撑腿与脚踝同时向内侧倾倒，鼻尖始终与支撑腿的膝关节对齐。练习时，滑行的圈不可太小，以直径8米为佳，随着动作的熟练，可放慢侧蹬腿收腿的速度，增加支撑腿支撑滑行的距离，随着速度的增加，可加大身体向内侧倾倒的角度和扩大滑行的圈的直径。

②前画葫芦。从基本蹲屈姿势开始，双脚跟并拢站立，脚尖呈外八字形，双脚微屈并用双脚内轮刃支撑向外推出，使两腿宽开向前滑进，保持身体重心位于两脚之间。然后，双腿以膝领先向内并腿达到两膝紧贴，与此同时，双脚向内收拢，呈明显的内八字形直至双脚平行并拢，接着双脚尖向外分开又呈外八字形。这样反复做下去，在地面上留下的滑行轨迹就是一串葫芦形。

5. 放松运动（3分钟）

游戏：小红帽跳舞。

方法：在音乐的伴奏下，队员们跟在教练身后，模仿着教练边走边做一些柔和、放松的舞蹈动作。

6. 集合与道别（2分钟）

课程结束教练需对队员的课堂学习表现进行小结，建议多以肯定和鼓励为主，最后教练与队员们相互道别。

注：下课后，通常队员还会继续玩一会儿，教练须限定好时间，时间一到，就需将教具回收，场地还原。

（五）课后作业

（1）单腿侧蹬滑行；

（2）前画葫芦练习。

十二、初级课程12

（一）教学名称

轮滑跳跃。

（二）教学目标

（1）掌握轮滑的跳跃技术；

（2）掌握轮滑的后画葫芦技术。

（三）教学准备

器材：旗门杆、平衡木、标志桶、体操垫、小铃铛、自制卡片、伴奏音乐、小贴画若干。

（四）教学过程

1. 课前准备

教学开始前，教练倒计时提醒队员相关准备事项：

（1）提醒队员上厕所；

（2）水杯放在指定区域；

（3）教具与器材归位。

2. 破冰游戏（5分钟）

游戏：相互认识。

方法：课前教练制作一张可以代表每名队员的独特特征的卡片。比如，在某学校上学，最喜欢干什么，最喜欢吃什么。课中将卡片分给队员，要求在规定的时间内去寻找与答案吻合的人，并请对方在卡片上签名或者贴上一枚事先准备的小贴画即认识成功。

3. 热身运动——轮滑操（5分钟）

（1）准备运动（4×8拍）。

（2）侧压运动（4×8 拍）。

（3）点地运动（4×8 拍）。

（4）摆臂运动（4×8 拍）。

（5）下肢运动（4×8 拍）。

（6）协调运动（4×8 拍）。

4. 主题课程

（1）身体素质练习（20 分钟）。

①练习内容 1：挑战平衡木。

【情景导入】大家知道哪些动物的平衡能力比较好吗？猴子可以在树上窜来窜去、山羊可以在峭壁上行走、仙鹤可以单脚独立睡觉，这些动物的平衡能力都很出色，现在就让我们来挑战一下平衡木吧！

【规则与要求】用标准的测评平衡木作为教具，练习队员们的平衡感和胆量，全体队员排成一路纵队在平衡木后方做好准备。教练协助队员完成先上木，再站稳，最后迈步……队员熟悉之后，鼓励队员独立完成平衡木挑战，教练时刻做好保护工作。

②练习内容 2：S 形折返跑。

【情景导入】轮滑回转大侠小时候喜欢各种方式的 S 形跑步，不论是环形跑，还是折返跑，他从中都能找到很多乐趣，我们也试着来找一找吧！

【规则与要求】将队员分成人数约等的两队，在起点和折返点之间摆放两组旗门杆，每组 3~4 个旗门杆。教练发令后，两队排头队员绕过各自正前方的旗门杆成"S"形路线前行，到达折返点后拍响"铃铛"并迅速按原路返回，再同本队的下一名队员进行击掌接力，依次循环。

◆课间休息（3 分钟）：补水要求队员独立完成；如厕建议家长陪同前往。

（2）轮滑基础练习（20 分钟）。

①跳跃技术。如以左脚向前跨跳为例，重心先置于右脚上，右腿深屈，然后爆发用力伸展蹬地，蹬地方向向后。左膝向前上方高抬，双臂上摆协调用力，身体跳离地面。腾空后用左脚四轮平落地向前滑出。如果右腿收腿快或者来得及收腿，可双脚同时落地向前滑出。落地后着地的单腿或双腿一定要屈膝，以降低重心并加以缓冲，可稳定和调整重心以便平稳滑行。

②后画葫芦。从基本蹲屈姿势开始，双脚跟分开，脚尖相触，双脚呈内八字形。双膝微屈，双脚用内轮刃支撑向外推出，并使两腿宽开，向后

滑行。保持身体重心位于两脚之间，边滑边向内收双轮的尾部，由内八字滑变为外八字向后滑。当双脚跟相接，双膝也紧跟其后而并拢时，双脚跟再分开，继续按上述动作要领滑下去，就滑出一串向后滑的葫芦形。

5. 放松运动（3分钟）

游戏：打气。

方法：队员们跟着教练模仿脚踩气筒打气的样子，用双手假装用力压气筒，边打边说"喊喊喊"（模仿打气的声音），最后教练说"轰——"，轮胎被打爆了，队员们则蹲下瘫坐在地上。

6. 集合与道别（2分钟）

课程结束教练需对队员的课堂学习表现进行小结，建议多以肯定和鼓励为主，最后教练与队员们相互道别。

注：下课后，通常队员还会继续玩一会儿，教练须限定好时间，时间一到，就需将教具回收，场地还原。

（五）课后作业

（1）跳跃技术练习；

（2）后画葫芦练习。

十三、初级课程 13

（一）教学名称

起跑与冲刺。

（二）教学目标

（1）掌握轮滑的起跑技术；

（2）掌握轮滑的冲刺技术。

（三）教学准备

器材：旗门杆、平衡球、彩虹筒、海绵棒、伴奏音乐、小贴画若干。

（四）教学过程

1. 课前准备

教学开始前，教练倒计时提醒队员相关准备事项：

（1）提醒队员上厕所；

（2）水杯放在指定区域；

（3）教具与器材归位。

2. 破冰游戏（5分钟）

游戏：张冠李戴。

方法：教练将队员按照每组不少于5人进行分组，每组围成一个圆圈，给每个人都要另起名字，如张三改为李四，李四改为王五……当教练向张三提问时，张三则不可以回答，而必须由李四来回答。回答错误的队员将会被淘汰出局，最后剩下的人就是胜利者。

3. 热身运动——轮滑操（5分钟）

（1）准备运动（4×8拍）。

（2）侧压运动（4×8拍）。

（3）点地运动（4×8拍）。

（4）摆臂运动（4×8拍）。

（5）下肢运动（4×8拍）。

（6）协调运动（4×8拍）。

4. 主题课程

（1）身体素质练习（20分钟）。

①练习内容1：挑战平衡球。

【情景导入】大家见过你们的爸爸妈妈在家用这个平衡球来锻炼身体吗？我们练好了平衡球，就可以和爸爸妈妈一起锻炼了。

【规则与要求】将队员分成人数约等的几个小组进行练习，教练做好保护工作。

a. 球上双脚站立：将平衡球横向摆放并相距一定距离，小朋友尝试双脚站立于球上。

b. 球上单脚站立：将平衡球横向摆放并相距一定距离，小朋友尝试单脚站立于球上。

c. 球上行走：将平衡球摆成相互紧挨着的一条直线，小朋友尝试在球上平稳地行走。

②练习内容2：S环形跑。

【情景导入】你们知道轮滑回转大侠小时候最喜欢怎样跑步吗？那就是像小鸟一样S环形跑。今天，我们也来试一试。

【规则与要求】在场地内沿四周放置几个彩虹筒和几个旗门杆（间隔3~4米），所有队员在起点处呈一路纵队做好准备。发令开始后，队员依次出发S形钻过山洞（海绵棒），穿越丛林（旗门杆），完成后的队员到队尾排队，依次循环。

◆课间休息（3分钟）：补水要求队员独立完成；如厕建议家长陪同前往。

（2）轮滑基础练习（20分钟）。

①起跑技术。对于初学者来说，T形起跑站立姿态是最易掌握的。当预备姿势稳定后，右腿向后蹬动，左腿大力大幅度呈外八字迈出，蹬地腿侧的手臂向前摆动，另一侧手臂向后摆动。一般要向前疾跑八步左右。在疾跑过程中，脚呈外八字，每次落地蹬动用轮子内侧蹬地，两臂前后摆动，配合腿的交替向后蹬地，疾跑时身体应有较大的前倾角度和两脚的开角，以较高的动作频率和较大的步幅向前跑动。

②冲刺技术。以箭步送轮冲刺触线动作为例。首先尽量选择以有力腿做弓箭步的前支撑腿，并以全脚正轮刃着地。为了迅速前跨送轮触线，应注意使重心跟进上体抬起，后腿以前轮触地拖滑。双臂随腿部动作的运行调整为维持身体平稳的摆动，促成刹那间以前轮触及终点线的冲刺动作。

5. 放松运动（3分钟）

游戏：彩虹的约定。

方法：在音乐《彩虹的约定》的伴奏下，学员们和教练化作蝴蝶，在场内跟随音乐的节奏一起飞舞起来，一会儿低飞，一会儿旋转，放松身体。

6. 集合与道别（2分钟）

课程结束教练需对队员的课堂学习表现进行小结，建议多以肯定和鼓励为主，最后教练与队员们相互道别。

注：下课后，通常队员还会继续玩一会儿，教练须限定好时间，时间一到，就需将教具回收，场地还原。

（五）课后作业

（1）起跑技术练习；

（2）冲刺技术练习。

十四、初级课程14

（一）教学名称

轮滑回转引导1。

（二）教学目标

（1）熟练掌握轮滑的双鱼过桩技术；

（2）掌握轮滑加速过旗门技术。

（三）教学准备

器材：旗门杆、手杖杆、腰旗、纸箱、标志碟、飞碟桩、伴奏音乐、小贴画若干。

（四）教学过程

1. 课前准备

教学开始前，教练倒计时提醒队员相关准备事项：

（1）提醒队员上厕所；

（2）水杯放在指定区域；

（3）教具与器材归位。

2. 破冰游戏（5分钟）

游戏：声音变奏曲。

方法：将队员随机分成若干组，然后对每个组进行编号，要求各组用不同的方式发出声音，如A组为击掌声、B组为跺脚声、C组为哈哈声、D组为痛苦声等，当教练说出哪个组的编号时，对应的小组就应该发出规定的整齐的声音。

3. 热身运动——轮滑操（5分钟）

（1）准备运动（4×8拍）。

（2）侧压运动（4×8拍）。

（3）点地运动（4×8拍）。

（4）摆臂运动（4×8拍）。

（5）下肢运动（4×8拍）。

（6）协调运动（4×8拍）。

4. 主题课程

（1）身体素质练习（20分钟）。

①练习内容1：揪尾巴。

【情景导入】你们知道在没有闹钟的古代，古人如何做到准时起床的吗？通常是依赖"天然闹钟"——大公鸡来帮忙，但是大公鸡太高傲了，经常炫耀自己的大尾巴，今天我们来灭灭它的威风，揪尾巴！

【规则与要求】教练先在队员的腰上系上一条腰旗（好似公鸡尾巴），让其自由地在场内跑一跑，感受一下自己的尾巴是否飘起来了，然后再进行身体素质练习。将队员分成人数约等的两组，两组相距10米成纵队站立，当听见出发口令后，两队同方向奔跑相互追逐，限定奔跑距离为场内2圈，看谁先揪住对方的尾巴。

②练习内容2：飞人挑战。

【情景导入】大家听说过中国运动员刘翔吗？他是中国田径项目上的第一个男子奥运冠军，创造了中国人在男子110米栏项目上的神话。接下来就让我们开始飞人挑战吧！

【规则与要求】将队员分成人数约等的两队，以场内的某个点作为起点，两队排头队员在起点线后做好准备。两队排头队员听见出发口令后，从起点出发到折返点返回，最后同队队友击掌接力，如此循环。

a. 第一轮：在每队正前方设置间距 4~5 米的两处无横板的跨栏（可以纸箱代替），目的是练习跨跳意识和动作的连续性。

b. 第二轮：在每队正前方设置间距 4~5 米的两处有横板的跨栏（可将旗门杆放倒垫平），目的是练习跨跳勇气和动作技能。

◆课间休息（3 分钟）：补水要求队员独立完成；如厕建议家长陪同前往。

（2）轮滑回转练习（20 分钟）。

①双鱼过桩。设置间距 3 米，左右 0.6 米的飞碟桩 10~20 个，加速跑后静止或在下滑过程中，使用双鱼过桩，双臂平举，双脚合并，身体左右摆动，使上半身保持固定点，通过身体整体摆动，达到双鱼过桩的目的，滑行中身体伸直，目视左右桩的中心线，动作顺畅以达到最佳练习效果。

②旗门加速跑。设置间距 5 米，左右 0.6 米的旗门（可用飞碟桩代替）10~20 个，在下滑或平地加速过程中，始终以叠步（压步）动作持续保持高速滑行，身体姿态暂不要求，能够以最大速度通过飞碟桩为优，找到滑行频率，由于赛道有飞碟桩限制，运动员需在回转练习中不断适应赛道和自身动作频率，以达到最佳训练目的。

5. 放松运动（3 分钟）

游戏：喘气的小动物。

方法：教练说出哪种小动物，队员们就模仿那种小动物的叫声，然后学着小动物的喘气的样子，嘴巴要呼气和吸气（至少模仿 3 种小动物）。

6. 集合与道别（2 分钟）

课程结束教练需对队员的课堂学习表现进行小结，建议多以肯定和鼓励为主，最后教练与队员们相互道别。

注：下课后，通常队员还会继续玩一会儿，教练须限定好时间，时间一到，就需将教具回收，场地还原。

（五）课后作业

（1）双脚交替滑；

（2）轮滑回转滑行。

十五、初级课程 15

（一）教学名称

轮滑回转引导 2。

（二）教学目标

（1）掌握轮滑回转的动态半程蹲起技术；

（2）掌握轮滑回转的单腿交替半程蹲起技术。

（三）教学准备

器材：旗门杆、手杖杆、鳄鱼球、塑料筐、标志碟、体操垫、大龙球、伴奏音乐、小贴画若干。

（四）教学过程

1. 课前准备

教学开始前，教练倒计时提醒队员相关准备事项：

（1）提醒队员上厕所；

（2）水杯放在指定区域；

（3）教具与器材归位。

2. 破冰游戏（5分钟）

游戏：反义词。

方法：教练组织所有队员围成一个大圆圈，当教练发出口令后，队员就要做出与指令相反的动作。比如教练说"抬头"，队员们就应做出"低头"的动作，如教练说："向右看。"则队员应该"向左看"，如有人犯错，就被宣判出局。

3. 热身运动——轮滑操（5分钟）

（1）准备运动（4×8拍）。

（2）侧压运动（4×8拍）。

（3）点地运动（4×8拍）。

（4）摆臂运动（4×8拍）。

（5）下肢运动（4×8拍）。

（6）协调运动（4×8拍）。

4. 主题课程

（1）身体素质练习（20分钟）。

①练习内容1：玩转鳄鱼球。

【情景导入】鳄鱼一直是人类想驯服的动物，但终不能成功。鳄鱼公仔、鳄鱼球也很受孩子们的欢迎，现在让我们一起来和鳄鱼亲近亲近吧！

【规则与要求】将队员分成人数约等的两队，在起点线后成两路纵队做好准备，两名教练各负责一队。听见发令后，两队排头队员用腿夹住鳄鱼球，双脚并跳到达终点将球放在筐内，然后返回与本队队员击掌接力，第二名队员到达终点，从筐内拾起鳄鱼球，用腿夹住双脚并跳至起点，与下一名队员击掌接力，如此循环，依次进行。

②练习内容 2：鳄蜥大战。

【情景导入】一只巨人蜥在岸边偷走了鳄鱼的宝贝——鳄鱼蛋（可用鳄鱼球代替），愤怒的鳄鱼一路追赶，用他扁平的大尾巴扇动着巨石（可用大龙球代替）砸向巨人蜥……

【规则与要求】在场地内的一侧距离围挡约 5 米，用体操垫搭成一个小斜坡，将龙球放于体操垫高处端，一个教练负责投放滚石（可用鳄鱼球代替）。所有队员排成一路纵队，站在起点线后。另一名教练发令后，队员向前跑，途中要躲避从小斜坡上滚下的石头（可用鳄鱼球代替），到达终点后返回起点，与下一名队员击掌接力，此后依次进行，直到所有队员全部完成。

注：教练把握好鳄鱼球下落时机，可稍微提前和退后，避免砸到队员；也可以改变斜坡的倾斜度，以改变球下落的速度，为队员留足反应时间。

◆课间休息（3 分钟）：补水要求队员独立完成；如厕建议家长陪同前往。

（2）轮滑回转练习（20 分钟）。

①动态半程蹲起。在下滑过程中，双腿分开与肩同宽，双手端平手杖杆，在不减速的情况下做半蹲起动作，滑行中不需完全蹲下，只需臀部低于膝盖位置即可，持续反复蹲下起立动作。练习过程中，上半身保持垂直方向不变，减少滑行中的晃动，以达到最佳练习效果。

②单腿交替半程蹲起。在下滑过程中，双手端平手杖杆，采用单脚支撑滑行，控制平衡做半蹲动作两次后换腿，浮腿小腿向后抬起，重心完全放置于支撑腿上方，尽量控制直刃滑行。练习过程中，上半身可随重心变化而改变位置，但垂直方向不变，保持手杖杆平衡不晃动。

5. 放松运动（3 分钟）

游戏：放松韵律操。

方法：在音乐的伴奏下，全体队员跟随教练在音乐中，抖抖手、拍拍脚、拉伸腰、转个圈、轻松摆动身姿。

6. 集合与道别（2 分钟）

课程结束教练需对队员的课堂学习表现进行小结，建议多以肯定和鼓励为主，最后教练与队员们相互道别。

注：下课后，通常队员还会继续玩一会儿，教练须限定好时间，时间一到，就需将教具回收，场地还原。

（五）课后作业

（1）双脚交替滑；

（2）轮滑回转滑行。

第四节　轮滑回转特色活力课程（二）

一、中级课程 01

（一）教学名称

手杖杆推进。

（二）教学目标

（1）熟悉轮滑手杖杆在滑行中的使用；

（2）发展协调跑跳能力；

（3）提高奔跑和躲闪能力，增强身体灵活度，培养顽强的精神。

（三）教学准备

器材：旗门杆、手杖杆、手绢、沙包、标志碟。

（四）教学过程

1. 课前准备

教学开始前，教练倒计时提醒队员相关准备事项：

（1）提醒队员上厕所；

（2）水杯放在指定区域；

（3）教具与器材归位。

2. 破冰游戏（5 分钟）

游戏：不管三七二十一。

方法：教练组织所有队员围成一个圈，从指定的一名队员开始按照顺时针依次报数，要求报数声音又快又大，每逢遇见 7 或者 7 的倍数时，队员不能说出相应的数字，以双手击掌来表示，报错者即被淘汰。

3. 热身运动——轮滑操（5 分钟）

第一节：准备运动（4×8 拍）

第一个八拍：1~4 拍原地踏步（左脚先踏），同时双手自然摆臂。

　　　　　　5~8 拍原地踏步（左脚先踏），同时双手在胸前击掌。

第二个八拍：同第一个八拍。

第三个八拍：1~4 拍原地踏步（左脚先踏），同时双手自然摆臂。

　　　　　　　5~6 拍双膝微屈半蹲，同时双手放在膝盖上。

　　　　　　　7~8 拍还原直立。

第四个八拍：同第三个八拍。

第二节：下肢运动（4×8 拍）

第一个八拍：1~3 拍原地踏步（左脚先踏），同时双手自然摆臂。

　　　　　　　4 拍右脚踏步，同时双手后背，重心略低。

　　　　　　　5 拍左脚向左侧方迈出。

　　　　　　　6 拍左脚收回。

　　　　　　　7 拍右脚向右侧方迈出。

　　　　　　　8 拍还原直立。

第二个八拍：同第一个八拍。

第三个八拍：1 拍右脚向右侧侧出一步（与肩同宽），同时双手前平举，并半蹲一次。

　　　　　　　2 拍成直立姿势，但手和脚不收回。

　　　　　　　3 拍半蹲一次。

　　　　　　　4 拍成直立姿势，但手和脚不收回。

　　　　　　　5~6 拍同 3~4 拍。

　　　　　　　7~8 拍还原直立。

第四个八拍：同第三个八拍，但方向相反。

第三节：体转运动（4×8 拍）

第一个八拍：1~2 拍左脚向左侧侧出一步与肩同宽，蹲两次，同时双手握拳叉腰。

　　　　　　　3~4 拍同 1~2 拍，但方向相反。

　　　　　　　5~6 拍左转 90 度，同时双手放于头两侧。

　　　　　　　7~8 拍同 5~6 拍，但方向相反。

第二个八拍：同第一个八拍。

第三个八拍：1 拍左脚向左侧一步，比肩稍宽，同时双手侧平举。

　　　　　　　2 拍上体向左转 90 度，同时双手立屈胸前击掌两次。

　　　　　　　3 拍上体向右转 180 度两臂伸直侧上举，掌心向内。

　　　　　　　4 拍上体向左转 90 度，双手还原至体侧。

　　　　　　　5~8 拍同 1~4 拍，但方向相反。

第四个八拍：同第三个八拍

第四节：跳跃运动（4×8 拍）

第一个八拍：1 拍跳起来的时候双脚向外张开，与肩同宽，同时双手
侧平举。

2 拍跳起来双脚合并，同时双手在头顶击掌。

3 拍跳起来的时候双脚向外张开，与肩同宽，同时双手
侧平举。

4 拍跳起来双脚合并，双手归回大腿两侧，成直立姿势。

5~8 拍同 1~4 拍。

第二个八拍：同第一个八拍。

第三个八拍：1~2 拍定腿跳两次，同时两臂胸前立屈，左肩位置击掌
两次，头稍往左偏。

3~4 拍同 1~2 拍，但方向相反。

5 拍定腿跳一次，同时双手胸前击掌。

6 拍定腿跳一次，同时双手掌形至于腹部。

7 拍定腿跳一次，同时双手胸前击掌。

8 拍还原直立。

第四个八拍：同第三个八拍。

第五节：滑姿运动（4×8 拍）

第一个八拍：1 拍左脚向左侧侧出与肩同宽，重心在右脚，同时双手
握拳背在腰处。

2 拍左脚收回，但手不收回。

3~4 拍同 1~2 拍，但方向相反。

5~8 拍同 1~4 拍，8 拍时还原直立。

第二个八拍：1 拍通过小跳将左脚向左侧方迈出，重心保持在右脚，
同时双手握拳摆直臂。

2 拍与 1 拍动作相反，双手交替摆臂。

3~4 拍同 1~2 拍。

5~7 拍原地踏步，双手胸前立屈击掌。

8 拍还原直立。

第三个八拍：同第一个八拍。

第四个八拍：同第二个八拍。

第六节：整理运动（4×8 拍）

第一个八拍：1~4 拍向前踏四步，左脚先踏，第四步时右脚与左脚靠
拢，同时双手自然摆臂。

5~8 拍原地膝弹动，同时双手握拳叉腰。

第二个八拍：1~4 拍向后踏四步，右脚先踏，第四步时左脚与右脚靠拢，同时双手自然摆臂。

5~8 拍原地膝弹动，同时双手握拳叉腰。

第三个八拍：1~4 拍向左踏四步，左脚先踏，第四步时右脚与左脚靠拢，同时双手自然摆臂。

5~8 拍原地膝弹动，同时双手胸前立屈。

第四个八拍：1~4 拍向右踏四步，右脚先踏，第四步时左脚与右脚靠拢，同时双手自然摆臂。

5~8 拍原地膝弹动，同时双手胸前立屈。

4. 主题课程

（1）身体素质练习（20 分钟）。

①练习内容 1：丢手绢。

【规则与要求】所有队员面向圆内坐在圆圈上，游戏开始，大家一起唱歌谣《丢手绢》，被推选为丢手绢的人沿着圆圈外行走或奔跑，在歌谣唱完之前，丢手绢的人要不知不觉地将手绢丢在其中一人的身后，身后被丢了手绢的人发现后要迅速起身追逐丢手绢的人，而丢完手绢的人沿着圆圈外围奔跑，在跑到被丢手绢人的位置前，若被抓住，双方角色互换；如未被追上，丢手绢的人则跑到被丢手绢人的位置上坐下，被丢手绢的人就得继续转圈把手绢丢到其他人的身后，游戏重新开始。

②练习内容 2：乌龟运蛋。

【规则与要求】教练先将队员分成人数约等的几组，每组第一名队员背后上放一个蛋（可用沙包代替）在起点线做好准备。发令后，各组第一名队员用四肢着地快速向前爬行，在前方折返点标志处返回，并将蛋安全运回终点即起点，然后同组的下一名队员接力，依次进行。要求在运蛋时不能将蛋掉到地上，哪个组先完成即获胜。

◆课间休息（3 分钟）：补水要求队员独立完成；如厕建议家长陪同前往。

（2）轮滑回转练习（20 分钟）。

①上坡手杖杆同步推进。在上坡过程中，双腿弯曲，双脚向前，与肩同宽，手杖杆落点位于脚尖外前侧，身体下压，手臂将两个手杖杆同步向后推进，当达到身后极限位置时抬起重新回到落点处，身体前后上下移动（手杖杆处于落点时身体达到最高最后点，手杖杆处于身后极限位置时身体达到最低最前点）体会手杖杆向后推进的身形变化。练习过程中，可将手杖杆置于脚前、中、后各个位置体会手杖杆使用效率，找到最适合自己

的手杖杆落地点，并不断加大手部力量，避免滑行中出现扎空等现象。

②上坡手杖杆同步推进单腿平衡。在上坡过程中，采用单腿支撑滑行，浮腿小腿向后抬起控制平衡，使用上坡手杖杆同步推进动作滑行，动作持续不落脚。练习过程中，注重手杖杆使用的稳定性，由于滑手在滑行过程中增加了单脚的不稳定性，则需增加单脚滑行练习频次，滑行过程中，增加上半身前后发力动作与手杖杆的配合使用。

5. 放松运动（3分钟）

游戏：大风吹。

方法：队员们都玩累了，忽然有一阵凉风吹来，多舒服呀！当听见教练说"大风，吹鼻子了"，队员们应赶快把鼻子捂住别给吹跑了；当教练说"大风，吹耳朵了"，队员们又赶紧双手捂住耳朵，不要让耳朵被吹走……

6. 集合与道别（2分钟）

课程结束教练需对队员的课堂学习表现进行小结，建议多以肯定和鼓励为主，最后教练与队员们相互道别。

注：下课后通常队员还会继续玩一会儿，教练须限定好时间，时间一到，就需将教具回收，场地还原。

（五）课后作业

（1）双脚连续跳；

（2）手杖杆推进练习。

二、中级课程02

（一）教学名称

平衡滑行。

（二）教学目标

（1）发展协调跑跳能力；

（2）提高奔跑能力和躲闪能力，增强灵敏性，培养顽强的精神；

（3）掌握轮滑回转上坡滑行、上坡平衡滑行技术。

（三）教学准备

器材：旗门杆、手杖杆、标志桶。

（四）教学过程

1. 课前准备

教学开始前，教练倒计时提醒队员相关准备事项：

（1）提醒队员上厕所；

（2）水杯放在指定区域；

（3）教具与器材归位。

2. 破冰游戏（5分钟）

游戏：扮怪兽。

方法：教练首先将队员分成人数约等的几个小组，要求队员双手搭在左右两侧同伴的肩上连成一个整体，共同创造出一个怪兽。比如教练说"7只脚的怪兽"，队员就只能有7只脚触地；教练说"3个头的怪兽"，队员就要将多余的头赶紧埋下，只露出3个头。

3. 热身运动——轮滑操（5分钟）

（1）准备运动（4×8拍）。

（2）下肢运动（4×8拍）。

（3）体转运动（4×8拍）。

（4）跳跃运动（4×8拍）。

（5）滑姿运动（4×8拍）。

（6）整理运动（4×8拍）。

4. 主题课程

（1）身体素质练习（20分钟）。

①练习内容1：猫捉老鼠。

【规则与要求】教练将队员分成人数约等的两队，其中一队选出两名队员扮作"猫"，剩余的队员面向内站成圆圈，手搭在左右同伴的肩上扮成"老鼠洞"，另一队的队员扮作"老鼠"站在圈内，猫站在圈外。教练发令后，老鼠伺机从洞内钻进钻出，猫在洞外追捕，如老鼠被猫抓到即退出比赛，在规定的时间内，看哪队抓的老鼠多为胜。

②练习内容2：拍背。

【规则与要求】教练将队员每两人分为一组，分散在场地内。教练发令后，两人相互躲闪追拍，以单手轻拍击对方的背部中央，每拍中一次得1分，拍击到身体其他部位无效，同时也要注意保护自己的背部不被对方拍击。在规定的时间内，得分多者为胜。

◆课间休息（3分钟）：补水要求队员独立完成；如厕建议家长陪同前往。

（2）轮滑回转练习（20分钟）。

①上坡滑行。在上坡过程中，上半身采用手杖杆同步推进动作，身体朝向滑行方向，腿部正常滑行，注意落杆推进动作与腿部发力动作节奏一致，以达到最大滑行效率，使上坡达到最轻松的状态。练习过程中，切忌

手杖杆不发力，可将手杖杆发力动作与滑行动作分解练习，蹬腿滑行后再使用手杖杆发力，习惯动作后将两者时间重叠一部分，达到快频次变换腿部与手杖杆发力。

②上坡平衡滑行。在上坡过程中，双手端平手杖杆，保持上半身平衡不左右转动，单纯只依靠腿部滑行动作和上半身轻身/加压动作上坡。练习过程中，大腿发力感受重力带来的阻力感，利用身体起伏动作减轻腿部阻力感，并将上坡自然减速调整成匀速。

5. 放松运动（3分钟）

游戏：吹泡泡。

方法：所有队员手拉手围成一个圈，圈子一会儿大、一会儿小；鼻子吸气，嘴巴呼出（长长的、缓慢的，有控制的，就像吹起一个大泡泡一样）。

6. 集合与道别（2分钟）

课程结束教练需对队员的课堂学习表现进行小结，建议多以肯定和鼓励为主，最后教练与队员们相互道别。

注：下课后，通常队员还会继续玩一会儿，教练须限定好时间，时间一到，就需将教具回收，场地还原。

（五）课后作业

（1）起跑练习；

（2）上下坡平衡滑行练习。

三、中级课程03

（一）教学名称

滑行连续旗门杆。

（二）教学目标

（1）发展协调跑跳能力；

（2）提高奔跑能力和灵敏度，培养积极竞争的精神；

（3）掌握轮滑回转的上坡、下坡平行转弯技术。

（三）教学准备

器材：旗门杆、手杖杆、乒乓球拍、羽毛球、呼啦圈、标志桶。

（四）教学过程

1. 课前准备

教学开始前，教练倒计时提醒队员相关准备事项；

（1）提醒队员上厕所；

（2）水杯放在指定区域；

（3）教具与器材归位。

2. 破冰游戏（5分钟）

游戏：猎人打兔子。

方法：首先教练进行动作示范，将右手握紧拳头，伸出食指和中指形成 V 形（代表兔子）；伸出拇指和食指形成一个"手枪"式样（代表猎人）。要求队员在场内边跑边说"猎人追，兔子跑……"当教练说"停"时，面对面的队员就要做出猎人和兔子的式样，被猎人打死的兔子即被淘汰。

3. 热身运动——轮滑操（5分钟）

（1）准备运动（4×8 拍）。

（2）下肢运动（4×8 拍）。

（3）体转运动（4×8 拍）。

（4）跳跃运动（4×8 拍）。

（5）滑姿运动（4×8 拍）。

（6）整理运动（4×8 拍）。

4. 主题课程

（1）身体素质练习（20分钟）。

①练习内容1：稳中求胜。

【规则与要求】将队员分成人数约等的几个队，分别成纵队站在起跑线后，各队排头队员手持一支乒乓球拍和一个羽毛球做好准备。发令后，排头队员迅速用乒乓球拍托起羽毛球向前跑，绕过前方的标志物后返回，交给本队的下一名队员，第二名队员按照上述方法依次进行，最先完成的队获胜。如羽毛球掉地需迅速拾起放好在乒乓球拍上再继续。

②练习内容2：勇往直前。

【规则与要求】在场内离起点 5 米、10 米、15 米处，横向间隔一定距离放置呼啦圈，教练发出口令后，队员跑进途中经过呼啦圈时，必须站在呼啦圈内将呼啦圈从脚至头顶套过自己的身体并放置原处，最后通过终点与终点同组队员进行接力，依次进行。未站在呼啦圈内完成呼啦圈套体动作以及未将呼啦圈放回原地视为犯规。

◆课间休息（3分钟）：补水要求队员独立完成；如厕建议家长陪同前往。

（2）轮滑回转练习（20分钟）。

①下坡平行转弯。在下坡过程中，沿 S 形滑行路线下降，双脚距离始

终小于肩宽且距离固定，膝盖分开双脚方向一致，使用脚后跟开始转弯，小臂向前抬起与地面平行，手握手杖杆自然下垂摆动，手杖杆动作小而轻。练习过程中，注意上半身方向始终朝向滚落线方向，使用胯部以下完成动作，视线要看向滑行方向。

②上坡平行转弯。在上坡过程中，沿 S 形滑行路线上行，动作与下坡平行转弯动作一致，但外侧腿在转弯时有明显蹬地动作，上身轻身/加压动作更为明显，注意双脚依旧保持平行状态。练习过程中，将每一次的转弯动作视为侧向蹬地动作，对赛事过程中变向角度有更为灵活的运用。

5. 放松运动（3 分钟）

游戏：气球漏气了。

方法：队员们跟着教练一起做打气球的动作，一只手打气，另一只手慢慢举过头顶，教练假装用针头把气球扎破一个洞"嗤——"，气球漏气了，队员们就慢慢从上到下放松身体。

6. 集合与道别（2 分钟）

课程结束教练需对队员的课堂学习表现进行小结，建议多以肯定和鼓励为主，最后教练与队员们相互道别。

注：下课后，通常队员还会继续玩一会儿，教练须限定好时间，时间一到，就需将教具回收，场地还原。

（五）课后作业

摆动滑行。

四、中级课程 04

（一）教学名称

牛仔转弯。

（二）教学目标

（1）提高奔跑能力和灵敏度；

（2）培养顽强拼搏的精神；

（3）掌握轮滑回转的上坡、下坡牛仔转弯技术。

（三）教学准备

器材：旗门杆、手杖杆、敞口大瓶、小红旗、羽毛球拍、网球、标志桶。

（四）教学过程

1. 课前准备

教学开始前，教练倒计时提醒队员相关准备事项：

（1）提醒队员上厕所；

（2）水杯放在指定区域；

（3）教具与器材归位。

2. 破冰游戏（5分钟）

游戏：自我介绍。

方法：教练组织将队员排成内小外大的两个面与面相对的同心圆，随着歌声同心圆开始转动，内外圈的旋转方向相反。当歌声一停，面对面的队员就要彼此握手寒暄并相互自我介绍。歌声再起时，游戏继续进行。

3. 热身运动——轮滑操（5分钟）

（1）准备运动（4×8拍）。

（2）下肢运动（4×8拍）。

（3）体转运动（4×8拍）。

（4）跳跃运动（4×8拍）。

（5）滑姿运动（4×8拍）。

（6）整理运动（4×8拍）。

4. 主题课程

（1）身体素质练习（20分钟）。

①练习内容1：插红旗。

【规则与要求】在场内约20米的距离，准备装有一定沙子的敞口大瓶3~4个（内有半瓶水和沙子）。教练将学员分成人数约等的几队，每队排头队员手持小红旗站立起点线后做好准备。听见出发口令后，在快速跑进中必须将小红旗插入瓶中，确保瓶子不能倒直至通过终点即起点，然后与本队队员接力。如瓶子倒了必须先立起瓶子重新插好旗，再返回起点与同伴接力。

②练习内容2：直线托球跑。

【规则与要求】在场内约20米的距离，准备羽毛球拍4~6支和网球6~8个。队员单手持羽毛球拍托起一个网球站在起点线后准备，听见出发口令后，用走或跑的方式通过终点线，与终点同组队员进行接力，依次进行。队员必须单手握住羽毛球拍把手处，不得前移，另一只手不得触及网球。队伍用时少者，名次列前。

◆课间休息（3分钟）：补水要求队员独立完成；如厕建议家长陪同前往。

（2）轮滑回转练习（20分钟）。

①下坡牛仔转弯。在下坡过程中，沿S形滑行路线下降，双脚距离始

终小于肩宽且距离固定，膝盖分开双脚方向一致，使用前脚掌压刃开始转弯，小臂向前抬起与地面平行，手握手杖杆自然下垂摆动，手杖杆动作小而轻。练习过程中，重点掌握外侧转弯脚的受力和内侧脚侧面与地面之间的角度，熟悉不漂移时的脚部受力情况。

②上坡牛仔转弯。在上坡过程中，沿 S 形滑行路线上行，动作与下坡牛仔转弯动作一致，但双脚在转弯时动作更加快速，上身轻身/加压动作更为明显，注意双脚依旧保持平行状态。练习过程中，需重点了解内侧脚在转弯处的侧蹬发力，以达到上坡保持速度的作用。

5. 放松运动（3 分钟）

游戏：小猴子找妖精。

方法：小猴们学会了一点本领，他们要去找妖精。音乐响起，猴子们蹦蹦跳跳、有说有笑；当教练说"妖精来了"，小猴子们立马被吓得四肢无力，瘫坐在地上。

6. 集合与道别（2 分钟）

课程结束教练需对队员的课堂学习表现进行小结，建议多以肯定和鼓励为主，最后教练与队员们相互道别。

注：下课后，通常队员还会继续玩一会儿，教练须限定好时间，时间一到，就需将教具回收，场地还原。

（五）课后作业

牛仔动作原地练习。

五、中级课程 05

（一）教学名称

窄距转弯。

（二）教学目标

（1）培养认真负责的精神；

（2）提高奔跑能力；

（3）掌握轮滑回转的下坡窄距转弯、下坡上半身保持静态水平技术。

（三）教学准备

器材：旗门杆、手杖杆、体操垫、呼啦圈、海绵棒、平衡球、矿泉水瓶、标志桶。

（四）教学过程

1. 课前准备

教学开始前，教练倒计时提醒队员相关准备事项：

（1）提醒队员上厕所；

（2）水杯放在指定区域；

（3）教具与器材归位。

2. 破冰游戏（5分钟）

游戏：动物进化论。

方法：将队员组织成前后两排面对面站立。教练先示范用半蹲手触膝盖代表鸡蛋、站立双手交叉放腋下代表小鸡、站立双手张开代表老鹰、站立双手同时伸出拇指和食指代表人。学员用"剪刀、石头、布"决定胜负，胜者进化一阶，负者退化一阶，最终进化成人后则退出比赛。

3. 热身运动——轮滑操（5分钟）

（1）准备运动（4×8拍）。

（2）下肢运动（4×8拍）。

（3）体转运动（4×8拍）。

（4）跳跃运动（4×8拍）。

（5）滑姿运动（4×8拍）。

（6）整理运动（4×8拍）。

4. 主题课程

（1）身体素质练习（20分钟）。

①练习内容1：综合障碍跑。

【规则与要求】在场内约30米的长度，间隔一定距离摆放一个个障碍即体操垫、呼啦圈、彩虹桥、平衡球。将学员平均分成人数约等的几组，每组排头队员听见出发口令后，快速通过障碍，采用跨过体操垫、套过呼啦圈、钻过彩虹桥、踩过平衡球的方式通过障碍，到达终点与本组队员进行接力，依次进行。直到最后一名队员完成。

②练习内容2：立起卧倒接力。

【规则与要求】在场内离起点5米、10米、15米、20米处各画一个圆圈标志点。在每个圈内放置一个矿泉水瓶（内有半瓶水和沙子），第一和第三瓶处于"卧倒"位，第二和第四瓶处于"起立"位。队员在起跑线后做好准备，听见出发口令后，在跑进中要把"卧倒"的瓶子立正，"立正"的瓶子放卧倒，并且不得让瓶子出圈，最后到达终点与本队的下一名队员接力。依次重复，直到最后一名队员完成。

◆课间休息（3分钟）：补水要求队员独立完成；如厕建议家长陪同前往。

（2）轮滑回转练习（20分钟）。

①下坡窄距转弯。在下坡过程中，沿 S 形滑行路线下降，双脚距离始终贴近最多一拳距离，不夹膝，使用切换重心脚并压刃方式开始转弯，小臂向前抬起与地面平行，手握手杖杆自然下垂摆动，手杖杆动作小而轻。练习过程中，刻意的练习并脚滑行在练习初期由于目视前方，则对脚步距离没有具体的测量概念，建议定点录制视频，观察视频中的动作，以达到窄距目的。内侧腿膝盖弯曲角度略小于外侧腿，膝盖位置收紧，利用双脚转弯的向心力带动双脚换刃。

②下坡上半身保持静态水平。在下坡过程中，做下坡转弯动作，双手端平手杖杆，且保持上半身静态。练习过程中，上半身一直朝向滚落线方向，整体身位略低于直立身位，给转弯时的腿部留出弯曲空间，运动员需在训练初期养成上半身滑行稳定性的习惯，在后期面对旗门杆时才能有更好的应对方式。

5. 放松运动（3分钟）

游戏：冷热交替。

方法：教练说"好冷啊"时，队员们就模仿冷的感觉（如身体紧缩，全身发抖）；教练说"太热啦"时，队员们就要模仿热的感觉（如手摇扇子，大声喘气），可重复 2~3 次。

6. 集合与道别（2分钟）

课程结束教练需对队员的课堂学习表现进行小结，建议多以肯定和鼓励为主，最后教练与队员们相互道别。

注：下课后，通常队员还会继续玩一会儿，教练须限定好时间，时间一到，就需将教具回收，场地还原。

（五）课后作业

窄距转弯滑行练习。

六、中级课程06

（一）教学名称

上半身静态水平练习。

（二）教学目标

（1）发展协调跑跳能力；

（2）提高身体灵敏度，手腕灵活性及控制球的能力；

（3）掌握轮滑回转的上坡上半身保持静态水平和下坡身后交叉手杖杆技术。

（三）教学准备

器材：旗门杆、手杖杆、塑料筐、道具水果、篮球、筷子、标志桶。

（四）教学过程

1. 课前准备

教学开始前，教练倒计时提醒队员相关准备事项：

（1）提醒队员上厕所；

（2）水杯放在指定区域；

（3）教具与器材归位。

2. 破冰游戏（5分钟）

游戏：抓鸭子。

方法：教练将队员分成人数约等的小组若干。教练先行示范，比如教练先说："抓鸭子"，队员问："抓几只"，教练再说"抓3只"。听见"抓3只"后，小组的队员依次"呱、呱、呱"叫3次，当有叫第四次"呱"的队员即被淘汰出局。

3. 热身运动——轮滑操（5分钟）

（1）准备运动（4×8拍）。

（2）下肢运动（4×8拍）。

（3）体转运动（4×8拍）。

（4）跳跃运动（4×8拍）。

（5）滑姿运动（4×8拍）。

（6）整理运动（4×8拍）。

4. 主题课程

（1）身体素质练习（20分钟）。

①练习内容1：春种秋收。

【规则与要求】在场内约20米的长度，间隔一定的距离放置4个塑料筐，准备道具水果若干个。队员听见出发口令后，将四个道具水果依次放入塑料筐中，在折返区绕过标志桶往回跑，同时将塑料筐中的道具水果依次收回，然后通过终点即起点与本队的下一名队员接力。途中必须将道具水果放入筐内，若有滚落必须捡起重新放入筐中在继续。

②练习内容2：赶羊入圈。

【规则与要求】在场内约20米的长度，在起点线前画一个呼啦圈大小的圈圈。队员单手持筷子将篮球放在圆圈内做好准备。当听见开始的口令后，迅速用筷子推拨篮球（不得击打）通过折返区返回起点即终点，并必须将篮球停在起点线前的圆圈里。然后与本队队员接力。赶球过程中必须推拨不得击打，到达终点必须将球在圈内停稳。

◆课间休息（3分钟）：补水要求队员独立完成；如厕建议家长陪同前往。

（2）轮滑回转练习（20分钟）。

①上坡上半身保持静态水平。在上坡过程中，做上坡转弯动作，双手端平手杖杆，且保持上半身静态。练习过程中，最主要克服的是来自蹬地滑行时带来的上下起伏感，本动作单独将稳定性提取出来，克服身体的自然晃动，对后面动作中练习上下轻身有更好的理解和控制感。

②下坡身后交叉手杖杆。在下坡过程中，做下坡转弯动作，手杖杆在背后交叉，从对侧胳肢窝位置伸出，保持上半身身形固定。本动作是在基本静态水平练习后采用的练习方式，练习过程中，由于强制固定上半身身形，克服心理成为第一个关键性因素，同样使用视频拍摄记录的方式可以有效提高训练效果。

5. 放松运动（3分钟）

游戏：洗洗澡。

方法：让队员一起洗洗澡，从头部开始由慢到快进行拍身体放松运动，如揉揉小脑袋、揉揉肩膀、揉揉腿、揉揉脚、相互洗洗。

6. 集合与道别（2分钟）

课程结束教练需对队员的课堂学习表现进行小结，建议多以肯定和鼓励为主，最后教练与队员们相互道别。

注：下课后，通常队员还会继续玩一会儿，教练须限定好时间，时间一到，就需将教具回收，场地还原。

（五）课后作业

双杠双臂支撑，腿部摆动练习。

七、中级课程07

（一）教学名称

平行转弯练习。

（二）教学目标

（1）发展协调跑跳能力和跳跃能力；

（2）掌握轮滑回转的下坡前后手杖杆交叉碰和下坡平行转弯手杖杆环绕技术。

（三）教学准备

器材：旗门杆、手杖杆、服装道具、塑料筐、标志桶、粉笔。

（四）教学过程

1. 课前准备

教学开始前，教练倒计时提醒队员相关准备事项：

（1）提醒队员上厕所；

（2）水杯放在指定区域；

（3）教具与器材归位。

2. 破冰游戏（5分钟）

游戏：开汽车。

方法：教练将队员分成两人一组，用呼啦圈代替汽车方向盘。两名队员共持一个汽车方向盘齐头并进地沿场地四周加速跑动。当听见教练喊："红灯停"时，队员缓慢进行刹车。几圈之后，教练用呼啦圈将每个小汽车连接成一个大火车慢慢走动，并调整呼吸。

3. 热身运动——轮滑操（5分钟）

（1）准备运动（4×8拍）。

（2）下肢运动（4×8拍）。

（3）体转运动（4×8拍）。

（4）跳跃运动（4×8拍）。

（5）滑姿运动（4×8拍）。

（6）整理运动（4×8拍）。

4. 主题课程

（1）身体素质练习（20分钟）。

①练习内容1：着装跑。

【规则与要求】在场地四周沿着边缘，距离平均地摆放三个塑料筐，筐中依次放入帽子一顶、背心一件、腰带一条。各组队员在起点做好准备，发令后向前跑，途中依次戴上帽子、穿上背心、系上腰带，通过起点后又依次将帽子、背心和腰带放入塑料筐中，在返回起点后与下一个队员接力（即跑两圈，一圈穿，一圈脱）。在途中，如帽子、背心和腰带掉在跑道上，可以拾起戴好在继续。

②练习内容2：象限跳。

【规则与要求】在场地内用粉笔画两条相互垂直的直线，将比赛场地分成四个象限，并用数字1~4标示。队员听见教练开始的口令后，双脚按照1-2-3-4的顺序依次双脚跳跃，完成10个循环后，双脚落入象限1的时候停表，计算完成的时间。用时少者，名次列前。队员必须双脚跳，落地不得踩线。

◆课间休息（3分钟）：补水要求队员独立完成；如厕建议家长陪同前往。

（2）轮滑回转练习（20分钟）。

①下坡前后手杖杆交叉碰。在下坡过程中，做下坡转弯动作，手杖杆在转弯时交替在身前身后做交叉碰撞动作。练习手杖杆摆动与转弯节奏。练习过程中，首要的就是转弯点处做出的手杖杆动作与下一个转弯点间的动作转换时机。

②下坡平行转弯手杖杆环绕身体。在下坡过程中，做下坡平行转弯动作，双手交替将手杖杆环绕身体，在转弯时完成双手交替动作。练习过程中，需克服由于手杖杆前后环绕动作，身体会产生的前后位移动作。

5. 放松运动（3分钟）

游戏：堆雪人。

方法：教练说"堆雪人，堆雪人，先堆雪人小小脚"，队员手握拳头敲敲脚；教练说依次说"大腿、屁股、膀子、脑袋"，队员手握拳头依次敲一敲，最后教练说"雪人融化了"，队员们就躺在地上。

6. 集合与道别（2分钟）

课程结束教练需对队员的课堂学习表现进行小结，建议多以肯定和鼓励为主，最后教练与队员们相互道别。

注：下课后，通常队员还会继续玩一会儿，教练须限定好时间，时间一到，就需将教具回收，场地还原。

（五）课后作业

平行转弯练习。

八、中级课程08

（一）教学名称

回转上半身矫正。

（二）教学目标

（1）提高投掷的准确性；

（2）发展身体的协调性；

（3）掌握轮滑回转的下坡双手外侧交替手杖杆和上坡双手外侧交替手杖杆技术。

（三）教学准备

器材：旗门杆、手杖杆、沙包、呼啦圈、标志桶。

97

（四）教学过程

1. 课前准备

教学开始前，教练倒计时提醒队员相关准备事项：

（1）提醒队员上厕所；

（2）水杯放在指定区域；

（3）教具与器材归位。

2. 破冰游戏（5分钟）

游戏：泡泡糖。

方法：首先教练将队员按照每组为奇数的人数分成几组。当教练喊"泡泡糖"队员要回应"粘什么"，教练说出粘的身体某个部位，队员就要两人一组互相接触主持人说的部位。比如教练说"右手掌"，那么队员就要两人一组把右手掌相接触。而没有找到同伴的人则被淘汰出局。当剩下偶数人时，教练加入其中，使队伍始终保持奇数人数，直到最后胜利。

3. 热身运动——轮滑操（5分钟）

（1）准备运动（4×8拍）。

（2）下肢运动（4×8拍）。

（3）体转运动（4×8拍）。

（4）跳跃运动（4×8拍）。

（5）滑姿运动（4×8拍）。

（6）整理运动（4×8拍）。

4. 主题课程

（1）身体素质练习（20分钟）。

①练习内容1：沙包掷准。

【规则与要求】在场内用粉笔以25厘米、50厘米、75厘米、100厘米为半径画四个同心圆，然后再从圆心量出10米距离画出一条投掷线。队员站在投掷线后，将沙包投向地靶，以第一落点为准，从内到外依次为9分、7分、5分、3分，最后以队员积分之和多少判定名次。若沙包落在圈外则不得分。

②练习内容2：勇往直前。

【规则与要求】在场内的起点和终点各放一个标志桶，离起点5米、10米、15米处各设一个标志物点（呼啦圈）。教练发出口令后，队员跑进途中经过标志物点时，必须站在标志物点上将呼啦圈从脚至头顶套过自己的身体并放置原地再向前跑，绕过终点标志桶后返回起点，与下一名队员击掌，击掌后的队员才向前跑，依次类推，直到全部队员完成。

◆课间休息（3分钟）：补水要求队员独立完成；如厕建议家长陪同前往。

（2）轮滑回转练习（20分钟）。

①下坡双手外侧交替手杖杆。在下坡过程中，做下坡转弯动作，双手交替将手杖杆从一侧交替至另一侧。练习过程中，转弯处都是外侧手握手杖杆，身体保持直立，外侧手向外侧展开，初期练习想象身体程C形过弯，常见问题如上半身与腿部呈直线，胯部以下动作不灵活，在遇到不等距旗门杆的情况下身体调整速度过慢的情况。

②上坡双手外侧交替手杖杆。在上坡过程中，做上坡转弯动作，双手交替将手杖杆从一侧交替至另一侧。练习过程中，相比较下坡动作更容易出现节奏问题，因为增加了发力蹬地的动作，手部发力动作需要延迟在腿部转弯动作后。

5. 放松运动（3分钟）

游戏：幸福拍手歌。

方法：队员跟随教练在音乐的伴奏下，进行摇头、点头、摆臂、扭腰、甩腿、转圈、下蹲等身体动作。

6. 集合与道别（2分钟）

课程结束教练需对队员的课堂学习表现进行小结，建议多以肯定和鼓励为主，最后教练与队员们相互道别。

注：下课后，通常队员还会继续玩一会儿，教练须限定好时间，时间一到，就需将教具回收，场地还原。

（五）课后作业

重心转移配合左右手交替手杖杆。

九、中级课程09

（一）教学名称

上半身平衡练习。

（二）教学目标

（1）发展奔跑能力和平衡能力；

（2）提高腿部的力量和跳跃能力；

（3）掌握轮滑回转下坡、上坡双手外侧交替手杖杆技术。

（三）教学准备

器材：旗门杆、手杖杆、呼啦圈、羽毛球拍、网球、自制卡片。

（四）教学过程

1. 课前准备

教学开始前，教练倒计时提醒队员相关准备事项：

（1）提醒队员上厕所；

（2）水杯放在指定区域；

（3）教具与器材归位。

2. 破冰游戏（5分钟）

游戏：官兵捉贼。

方法：课前教练将"官、兵、捉、贼"四个字剪成小卡片。课中以四人为小组分成若干组，然后将四张卡面折叠，被抽到"捉"字的人要根据其他三个人的面部表情或其他细节来猜出谁拿的是"贼"字，猜错的要罚，有猜到"官"字的人决定如何惩罚，由抽到"兵"字的人执行。

3. 热身运动——轮滑操（5分钟）

（1）准备运动（4×8拍）。

（2）下肢运动（4×8拍）。

（3）体转运动（4×8拍）。

（4）跳跃运动（4×8拍）。

（5）滑姿运动（4×8拍）。

（6）整理运动（4×8拍）。

4. 主题课程

（1）身体素质练习（20分钟）。

①练习内容1：曲线托球跑。

【规则与要求】在场内约20米的距离，平均分成四段，在每段各放置呼啦圈一个。队员单手握住羽毛球拍把手处，托起一个网球站在起跑线后准备，听见出发口令后用走或跑的方式绕过前方的四个呼啦圈转一圈然后抵达终点与本队的队员进行接力。托球过程中把手不得前移，另一只手不得触及网球。用时少的，名次列前。

②练习内容2：跳房子。

【规则与要求】在场内用粉笔画出相挨着的9间房子（整体为长方形），并按照1~9的顺序进行编号，队员在起点线后做好准备。当听见教练发令后，从起点起跳，跳进1号房开始，按照单号单脚落地，双号双腿落地的方式快速跳过所有房子，然后又按照倒数顺序返回至起点线后，第二名队员才开始，按此方法依次进行。

◆课间休息（3分钟）：补水要求队员独立完成；如厕建议家长陪同

前往。

（2）轮滑回转练习（20 分钟）。

①下坡垂直上举手杖杆回转。在下坡过程中，做更大转弯半径的下坡平行转弯动作（小回转动作），双手将手杖杆垂直向上举起并保持上半身平衡。练习过程中，除上半身保持稳定以外，手部动作同样重要，使用手杖杆直立的形式更容易增强平衡控制力及手部力量控制。

②上坡垂直上举手杖杆回转。在上坡过程中，做更大转弯半径的上坡平行转弯动作（小回转动作），双手将手杖杆垂直向上举起并保持上半身平衡。练习过程中，需克服由于转弯蹬地发力所带来的身体左右晃动，更为精准训练运动员手部控制力。

5. 放松运动（3 分钟）

游戏：快乐邀请舞。

方法：任务完成了，要开庆功大会啦。队员在音乐的伴奏下，邀请爸爸妈妈、爷爷奶奶等一起跳个快乐邀请舞，在舞蹈中放松身体，让紧张和兴奋的状态得到舒缓。

6. 集合与道别（2 分钟）

课程结束教练需对队员的课堂学习表现进行小结，建议多以肯定和鼓励为主，最后教练与队员们相互道别。

注：下课后，通常队员还会继续玩一会儿，教练须限定好时间，时间一到，就需将教具回收，场地还原。

（五）课后作业

手杖杆立于掌心平衡练习。

十、中级课程 10

（一）教学名称

胯部平衡练习。

（二）教学目标

（1）培养团队协作能力；

（2）提高胯部平衡及发力能力。

（三）教学准备

器材：旗门杆、手杖杆、大龙球、排球、标志桶、自制卡片。

（四）教学过程

1. 课前准备

教学开始前，教练倒计时提醒队员相关准备事项：

101

（1）提醒队员上厕所；

（2）水杯放在指定区域；

（3）教具与器材归位。

2. 破冰游戏（5分钟）

游戏：五行相克。

方法：课前教练制作写有"金、木、水、火、土"的卡片5~6组。课中将卡片分发给队员，两名队员按照金克木，木克土，土克水，水克火，火克金的原理进行比赛，输者的卡片将被胜者没收，最后卡片最多的为胜者。

3. 热身运动——轮滑操（5分钟）

（1）准备运动（4×8拍）。

（2）下肢运动（4×8拍）。

（3）体转运动（4×8拍）。

（4）跳跃运动（4×8拍）。

（5）滑姿运动（4×8拍）。

（6）整理运动（4×8拍）。

4. 主题课程

（1）身体素质练习（20分钟）。

①练习内容1：炸药。

【规则与要求】在场内约20米的距离，每三名队员为一组，三名队员相互用肚子顶着一个大龙球站在起点后做好预备。听见教练的开始发令后，队员合力用肚子顶住球不让球掉下，任何人不许用手扶或者碰到大龙球，直至通过前方的终点。将球交给下一组的三名队员，依次进行。

②练习内容2：腋下夹球接力。

【规则与要求】在场内约20米的距离，队员在起点线后做好准备，当听见开始的口令后，队员将两个排球分别夹在两侧腋下快速奔跑到前方的标志桶处折返回来，在起点线完成接力交给下一名队员，当本队最后一名队员通过终点线后即结束，用时少的队伍获胜。

◆课间休息（3分钟）：补水要求队员独立完成；如厕建议家长陪同前往。

（2）轮滑回转练习（20分钟）。

①上坡手杖杆身后水平放置。在上坡过程中，做小回转动作，双臂身后伸直，握住手杖杆尖和把手。练习过程中，由于双臂完全伸直，则很容

易观察到身体是否出现了侧摆动作，克制手杖杆与身体的摩擦，保持不动状态，利用胯部扭动抵消转弯带来的晃动。

②下坡臀部控制手杖杆。将手杖杆尖和把手相连，固定在臀部上方，并保持左右平衡，在下坡过程中，小臂抬起，用臀部控制手杖杆左右摆动。感受胯部运动。练习过程中，初期容易出现身体与手杖杆无关系的各自摆动，可将与身体接触的位置下移，过弯使用内侧胯部带动保持手杖杆平衡。

5. 放松运动（3分钟）

游戏：小猫洗澡。

方法：小猫宝宝玩累了，出来很多汗，我们一起洗个澡，冲一冲，抖一抖，摇一摇，小猫小猫真快活。全体队员洗完澡后，扮演着小猫排好队，轻手轻脚地"喵喵"叫着回家了。

6. 集合与道别（2分钟）

课程结束教练需对队员的课堂学习表现进行小结，建议多以肯定和鼓励为主，最后教练与队员们相互道别。

注：下课后，通常队员还会继续玩一会儿，教练须限定好时间，时间一到，就需将教具回收，场地还原。

（五）课后作业

身形练习。

十一、中级课程11

（一）教学名称

身形矫正。

（二）教学目标

（1）发展协调能力；

（2）增强下肢力量和身体的协调性，培养积极进取的精神；

（3）矫正轮滑回转的滑动身形。

（三）教学准备

器材：旗门杆、手杖杆、硬纸板、卡纸、矿泉水瓶、标志桶、接力棒、筷子、排球。

（四）教学过程

1. 课前准备

教学开始前，教练倒计时提醒队员相关准备事项：

（1）提醒队员上厕所；

（2）水杯放在指定区域；

（3）教具与器材归位。

2. 破冰游戏（5分钟）

游戏：穿越地雷阵。

方法：首先教练在场地内画两条长线代表起点和终点，间距约为10米，两线中间不规则地铺上一些硬纸板、卡纸、矿泉水瓶等代表地雷阵。其次比赛时小组中一名队员蒙上眼睛在队友的指引下，不碰任何物体，穿越这个雷区即成功。如果"触雷"则需接受不同的惩罚。

3. 热身运动——轮滑操（5分钟）

（1）准备运动（4×8拍）。

（2）下肢运动（4×8拍）。

（3）体转运动（4×8拍）。

（4）跳跃运动（4×8拍）。

（5）滑姿运动（4×8拍）。

（6）整理运动（4×8拍）。

4. 主题课程

（1）身体素质练习（20分钟）。

①练习内容1：割麦子。

【规则与要求】在场内约20米的距离，设置3~4块麦田（可用标志桶代替）。将队员分成人数约等的两组，分别在起点线后排成一路纵队。教练发令后，两组排头队员手持接力棒扮作"镰刀"向前跑出，依次用左手提起麦子，右手从下面挥过"镰刀"，再放下，然后在折返点返回，将"镰刀"交给下一名队员，如此接力，直至本组队员全部完成，以先完成的队伍为优胜。

②练习内容2：夹排球。

【规则与要求】在场内约20米的距离，各组队员手持一双筷子站立起点线后。当教练发令开始时，双手用筷子迅速夹起脚下的排球，然后快速地跑过对面的终点线与本组的队员进行接力。如途中排球掉落，则需要用筷子再次夹起，双手不许碰触球，排球也不许在地上滚。

◆课间休息（3分钟）。补水要求队员独立完成；如厕建议家长陪同前往。

（2）轮滑回转练习（20分钟）。

①上坡臀部控制手杖杆。将手杖杆尖和把手相连，固定在臀部上方，

并保持左右平衡，在上坡过程中，小臂抬起，用臀部控制手杖杆左右摆动。感受胯部运动。在练习过程中，由于腿部发力动作，胯部外侧会出现上提等错误动作，提高胯部转弯时的稳定性和发力点掌握。

②下坡双手背后外侧交替手杖杆。在下坡过程中，做下坡转弯动作，双手背后交替将手杖杆从一侧交替至另一侧。练习过程中，身体保持直立，外侧手向后外侧展开，避免出现身体向前弯曲的错误动作，依旧初期练习想象身体程 C 型过弯，提高手臂三头肌灵活度。

5. 放松运动（3分钟）

游戏：放鞭炮。

方法：队员们站立着，当听见教练说"放鞭炮啦，啪"，身体就抖动一下，教练说了几声"啪"，队员就抖动几声，连续说，就连续抖，最后教练说"轰——"，所有的队员就倒下坐在地上。

6. 集合与道别（2分钟）

课程结束教练需对队员的课堂学习表现进行小结，建议多以肯定和鼓励为主，最后教练与队员们相互道别。

注：下课后，通常队员还会继续玩一会儿，教练须限定好时间，时间一到，就需将教具回收，场地还原。

（五）课后作业

轮滑回转滑行。

十二、中级课程 12

（一）教学名称

手杖杆击打。

（二）教学目标

（1）发展协调跑跳能力；

（2）提高奔跑和躲闪能力，培养认真负责的精神；

（3）掌握轮滑回转的手杖杆击打发力点。

（三）教学准备

器材：旗门杆、手杖杆、塑料杆、扇子、乒乓球、沙包、排球、标志桶、体操垫。

（四）教学过程

1. 课前准备

教学开始前，教练倒计时提醒队员相关准备事项：

（1）提醒队员上厕所；

（2）水杯放在指定区域；

（3）教具与器材归位。

2. 破冰游戏（5分钟）

游戏：扇乒乓球。

方法：教练在起点线上放好乒乓球，距离约5米的终点线上放上数量相等的塑料杯，开口对着起点线。队员听到发令后，各自手持扇子将乒乓球往瓶口扇，直到乒乓球进杯子为止。

3. 热身运动——轮滑操（5分钟）

（1）准备运动（4×8拍）。

（2）下肢运动（4×8拍）。

（3）体转运动（4×8拍）。

（4）跳跃运动（4×8拍）。

（5）滑姿运动（4×8拍）。

（6）整理运动（4×8拍）。

4. 主题课程

（1）身体素质练习（20分钟）。

①练习内容1：长江、黄河。

【规则与要求】在间距20米的距离画两条平行线作为安全线。将队员分成人数约等的两组，相互背对背站在两条安全线的中线上做好准备，一队为"长江"队，一队为"黄河"队。当教练喊"长江"，"长江"队迅速向正对前方的安全线跑出，"黄河"队立即追赶"长江"队，凡是在安全线内用手触摸到对方身体任何部位即得1分。进行几轮后，以得分多的队为胜。

②练习内容2：换物接力。

【规则与要求】在场地内画一条起跑线，于线前约15米处间距约3米并排画3~4个圆圈。圈内放一个沙包，学生分成人数约等的3~4组，正对圆圈站在起跑线后，各持一个排球。发令后，各组第一名队员迅速跑向本队前面的小圆圈，将排球放入圈内，拿起圈内的小沙包返回本队交给下一名队员，如此依次进行，以先完成的队伍为胜。

◆课间休息（3分钟）：补水要求队员独立完成；如厕建议家长陪同前往。

（2）轮滑回转练习（20分钟）。

①下坡双杆向前击打。在下坡过程中，做下坡转弯动作，在转弯时双

手将手杖杆同时向前做出小幅度击打动作（手臂不动，手腕发力）。在练习过程中，小臂端平，手杖杆与地面程45度斜角，右下至上抖动手腕完成摆动动作，前期练习可与转弯节奏一致，后期练习需手部动作先于腿部转弯动作。

②上坡双杆向前击打。在上坡过程中，做上坡转弯动作，在转弯时双手将手杖杆同时向前做出小幅度击打动作（手臂不动，手腕发力）。在练习过程中，动作同下坡击打动作，但初期可练习手部动作先于腿部转弯侧蹬动作，注意击打动作时身体依旧是面向前方，不能因手腕动作而产生肩部变向的问题。

5. 放松运动（3分钟）

游戏：按摩。

方法：将队员排成2排或4排，前后排面对面站立，一名队员为对方揉揉肩、抖抖手、敲敲背、捶捶腿，为其按摩，按摩完后，两人相互交换。教练要求队员相互问一问：力量是否合适？服务是否满意？

6. 集合与道别（2分钟）

课程结束教练需对队员的课堂学习表现进行小结，建议多以肯定和鼓励为主，最后教练与队员们相互道别。

注：下课后，通常队员还会继续玩一会儿，教练须限定好时间，时间一到，就需将教具回收，场地还原。

（五）课后作业

原地手杖杆击打动作练习。

第五节　轮滑回转特色活力课程（三）

一、高级课程01

（一）教学名称

利用手杖杆转弯。

（二）教学目标

（1）发展协调跑跳能力；

（2）增强腿部力量，提高跳跃能力，培养相互配合的能力；

（3）掌握手杖杆对于重心转移的作用。

（三）教学准备

器材：旗门杆、手杖杆、羽毛球拍、网球、呼啦圈、标志桶。

（四）教学过程

1. 课前准备

教学开始前，教练倒计时提醒队员相关准备事项：

（1）提醒队员上厕所；

（2）水杯放在指定区域；

（3）教具与器材归位。

2. 破冰游戏（5分钟）

游戏：大胃王。

方法：教练将队员分成人数约等的几个小组，队员围圈而坐，每人在前人的基础上再加一份食物。如一人说："我今天吃了一碗饭。"第二人说："我今天吃了一碗饭，两个鸡蛋。"第三人说："我今天吃了一碗饭，两个鸡蛋，三片牛肉"……最后一个人才是真正的大胃王。

3. 热身运动——轮滑操（5分钟）

预备节：踏步预备（2×8拍）

要求：全身放松，两臂前后摆动，左脚开始抬腿，同时左手后摆，右手前摆，左大腿带动小腿踏步。

第一节：冰裁风姿（4×8拍）

第一个八拍：1~2拍站立，双脚并拢，左臂上举，大臂贴耳朵，掌心向前，右臂前平举，与肩平，掌心向下，两手五指并拢，目视前方。

3~4拍提左膝，大腿平行地面，同时右手收回贴紧右腿外侧，左手由上、前、下贴着左大腿后摆至极限。

5~6拍左脚往左侧后方退一大步，屈膝成扑步，同时双手向前伸直再向左后方做拉绳动作，双手由掌变成拳。

7~8拍收左脚还原成站立姿势。

第二个八拍：同第一个八拍动作相同，相反方向。

第三个八拍：同第一个八拍动作相同。

第四个八拍：同第二个八拍动作相同。

第二节：单轮壶韵（4×8拍）

第一个八拍：1~2拍左腿后撤小半步，两腿屈膝，重心落在两脚上，双臂前平举，与肩平，双手握拳，拳心向下。

1~2拍保持重心平稳，左脚前踢、勾脚尖，右脚提踵、脚尖支撑。同时双臂后摆到极致。

5~6拍还原成第1~2拍。

7~8拍收左脚，还原成站立姿势。

第二个八拍：同第一个八拍动作相同，相反方向。

第三个八拍：同第一个八拍动作相同。

第四个八拍：同第二个八拍动作相同。

第三节：花冰平衡（4×8拍）

第一个八拍：1~2拍左腿伸直后摆，同时上体前倾，双臂前举伸直贴
耳，双手掌心向下，极致到左腿背部、头部、双臂在一
个平面上，并平行地面，目视前方，微抬头。

3~4拍还原站立姿势。

5~6拍同1~2拍动作相同，方向相反。

7~8拍同3~4拍动作相同。

第二个八拍：同第一个八拍动作相同。

第三个八拍：1~2拍半蹲，重心落在右脚上，左脚向左侧摆动至极
致，左臂前平举，掌心向右，右臂侧平举，掌心向左，
目视前方，微抬头。

3~4拍同1~2拍动作相同，方向相反。

5~6拍同1~2拍动作相同。

7~8拍同3~4拍动作相同。

第四个八拍：同第三个八拍动作相同。

第四节：滑雪撑杖（4×8拍）

第一个八拍：1~2拍站立，双臂前平举，双手五指并拢，掌心相对，
目视前方。

3~4拍左腿后侧一大步并伸直，右腿屈膝，成右弓步。

5~6拍保持重心平稳，左脚收回并拢右脚，双腿屈膝半
蹲，重心落在两脚上，双由肘关节带动向前、下、后摆
动到极致。

7~8拍还原成站立姿势。

第二个八拍：同第一个八拍动作相同，相反方向。

第三个八拍：同第一个八拍动作相同。

第四个八拍：同第二个八拍动作相同。

第五节：速滑蹬摆（4×8拍）

第一个八拍：1~2拍站立，上体前倾，手臂伸直，双手指尖在体前触

地，掌心向后。

3~4拍右腿半蹲，左脚向左侧迈步，重心落在右脚上，左脚底自然亮出，同时左臂在胸前屈臂，握拳，拳眼对着鼻子，右臂向右侧后方摆动，握拳，拳眼向下。形成支撑腿和浮腿"三点一线、两个平行"，右脚尖、右膝、鼻尖成一条直线，两脚平行、两脚尖平行。

5~6拍保持重心、手臂动作不变，左脚并右脚顺势后勾。

7~8拍还原成站立姿势。

第二个八拍：同第一个八拍动作相同，相反方向。

第三个八拍：同第一个八拍动作相同。

第四个八拍：同第二个八拍动作相同。

第六节：压步加速（4×8拍）

第一个八拍：1~2拍右腿半蹲，左脚向左侧迈步，重心落在右脚上，左脚底自然亮出，同时左臂在胸前屈臂，握拳，拳眼对着鼻子，右臂向右侧后方摆动，握拳，拳眼向下。形成支撑腿和浮腿"三点一线、两个平行"，右脚尖、右膝、鼻尖成一条直线，两脚平行、两脚尖平行。

3~4拍保持重心平稳，左脚向右侧迈步成体前交叉，重心落在左脚上，大腿根部夹紧，右脚底自然亮出，同时右臂在胸前屈臂，握拳，拳眼对着鼻子，左臂向右侧后方摆动，握拳，拳眼向下。

5~6拍右脚向右侧迈一步，双脚分开与肩同宽，双腿伸直，手臂动作同1~2相同，目视前方。

7~8拍右脚向左脚并拢，还原成站立姿势。

第二个八拍：同第一个八拍动作相同，相反方向。

第三个八拍：同第一个八拍动作相同。

第四个八拍：同第二个八拍动作相同。

第七节：蝶跪扑球（4×8拍）

第一个八拍：1~2拍左脚向左迈一步，双脚与肩同宽，双臂侧平举，双手五指大大张开，掌心朝前。

3~4拍左腿向右侧屈膝至膝关节与地面几近接触，左膝与右脚踝在一条直线上，左臂由侧向下至体前，掌变成拳，拳心向后，右臂侧上举，掌心向前，目视前方。

5~6拍同1~2拍同动作相同。

7~8拍左脚向右脚并拢，成站立姿势。

第二个八拍：同第一个八拍动作相同，相反方向。

第三个八拍：同第一个八拍动作相同。

第四个八拍：同第二个八拍动作相同。

第八节：冰球速运（4×8拍）。

第一个八拍：1~2拍支撑腿（右脚）向右侧跳跨一步，屈膝，同时浮腿（左脚）取捷径摆动向支撑腿（右脚）靠拢顺势后勾，双手握拳，左臂由左前方直臂，拳心向下，右臂屈臂，右拳放右腰间，拳心向上，左臂随着跨跳向右前方直臂移动，拳心向下，右手翻腕，拳心向上。

3~4拍同1~2拍动作相同，方向相反。

5~6拍同1~2拍动作相同。

7~8拍左脚向左跨跳一步，同时右脚并拢左脚成站立姿势。

第二个八拍：同第一个八拍动作相同。

第三个八拍：同第一个八拍动作相同。

第四个八拍：同第一个八拍动作相同。

结束节：踏步放松（2×8拍）。

要求：全身放松，两臂左右摆动，左脚开始抬腿，同时左手左摆，右手左摆，左大腿带动小腿踏步。

备注：本套《冰雪轮滑广播体操》选自中国轮滑协会网站，由泉州实验小学洛江校区和泉州市轮滑协会共同创编。

4. 主题课程

（1）身体素质练习（20分钟）。

①练习内容1：托球接力跑。

【规则与要求】在场内约30米长的距离，两端各划5米的接力区。将队员分成人数约等的几组，教练发出开始的口令后，队员手持羽毛球拍把手处，托起一个网球向前走或跑到交接区，必须在交接区内将球拍和网球一起交给下一名队员（交接球拍方法不限），依次类推，直至本组队员全部完成。用时少者，名次列前。

②练习内容2：二人连环跳。

【规则与要求】在场地上画两条相距15米的平行线，一条为起跳线，一条终点线。队员自由组合，每两人一组，每组一人持呼啦圈，另一人在起点线后准备起跳。发令后，各组中第一人将呼啦圈平抛于地上（同伴双脚跳一次的距离能进圈最合宜），第二人只能用双脚并跳一次跳进呼啦圈内，一人移圈，一人跳圈……到达终点后两人角色互换，再返回起点。

◆课间休息（3分钟）：补水要求队员独立完成；如厕建议家长陪同前往。

（2）轮滑回转练习（20分钟）：

①下坡双杆侧向击打。在下坡过程中，做下坡转弯动作，在转弯时双手将手杖杆同时向身体外侧做出小幅度击打动作（用手杖杆侧向扎地动作），下一转弯处变换方向至另一侧。在练习过程中，手腕带动小臂及大臂完成动作，身体尽量保持向前的方向，杆尖与地面接触不需产生动力。

②下坡铲脚转弯。在下坡过程中，沿S形滑行路线下降，双脚距离始终小于肩宽且距离固定，膝盖分开双脚方向一致，使用双脚交替前后移动，依靠身体方向改变转弯，小臂向前抬起与地面平行，手握手杖杆自然下垂摆动，手杖杆动作小而轻。在练习过程中，内侧脚发力可稍大于外侧脚，以达到更小的转弯角度。

5. 放松运动（3分钟）

游戏：机器人放电。

方法：队员们原地站立，双手高举。教练说"手放电，吱"，队员手臂放下；教练说"头放电，吱"，队员就低下头；教练说"全身放电，吱"，队员就任意坐在地上（可重复2~3次）。

6. 集合与道别（2分钟）

课程结束教练需对队员的课堂学习表现进行小结，建议多以肯定和鼓励为主，最后教练与队员们相互道别。

注：下课后，通常队员还会继续玩一会儿，教练须限定好时间，时间一到，就需将教具回收，场地还原。

（五）课后作业

手杖杆外侧击打练习。

二、高级课程02

（一）教学名称

回转节奏练习

（二）教学目标

（1）发展协调跑跳能力；

（2）增强投掷能力，提高空间的判断能力，提高行走的速度，增强身体的协调性；

（3）掌握轮滑回转的滑行节奏。

（三）教学准备

器材：粉笔、旗门杆、手杖杆、呼啦圈、沙包、网球、标志桶。

（四）教学过程

1. 课前准备

教学开始前，教练倒计时提醒队员相关准备事项：

（1）提醒队员上厕所；

（2）水杯放在指定区域；

（3）教具与器材归位。

2. 破冰游戏（5分钟）

游戏：盲人指认。

方法：教练将队员组织围成一个圈，一人蒙上眼睛扮盲人，坐在盲人右侧的人，开始用手指向任何人，并问盲人："是他吗？"盲人回答："不是。"将继续指，直到盲人说："是。"被指的人就是被选中的人。盲人摘下眼罩，根据每人的表情来猜谁被选中了。

3. 热身运动——轮滑操（5分钟）

（1）踏步预备（2×8拍）。

（2）冰裁风姿（4×8拍）。

（3）单轮壶韵（4×8拍）。

（4）花冰平衡（4×8拍）。

（5）滑雪撑杖（4×8拍）。

（6）速滑蹬摆（4×8拍）。

（7）压步加速（4×8拍）。

（8）蝶跪扑球（4×8拍）。

（9）冰球速运（4×8拍）。

（10）踏步放松（2×8拍）。

4. 主题课程

（1）身体素质练习（20分钟）。

①练习内容1：移动圈。

【规则与要求】用粉笔画两条间距约5米的平行线，一条为投掷线，一条为接包线。把队员分成人数约等的几个小组，各组推选一个人为接包者，手持呼啦圈站在接包线后，其余队员每人手持两个沙包（可用网球代替），成纵队站在投掷线后做好准备。发令后，各租队员依次迅速将手中的沙包，投向对面同伴的呼啦圈，接包者可以根据投来沙包的方向和角度，移动自己的位置努力去接沙包，接中得 1 分，最后看哪队得分多。

②练习内容 2：企鹅快走。

【规则与要求】在场内画两条相距约 10 米的平行线，把队员分成人数约等的两队，每队分甲、乙两组，面对面成纵队接力站在两条平行线后，每队甲组排头队员把沙包夹在大腿内侧做好准备。发令后，甲队夹沙包的队员向前走至终点，把沙包交给乙组排头队员进行接力。依次类推，看哪队队员最先完成。

◆课间休息（3 分钟）：补水要求队员独立完成；如厕建议家长陪同前往。

（2）轮滑回转练习（20 分钟）：

①下坡滑行回转。在下坡过程中，沿 S 形滑行路线下降，使用滑行动作，在转弯时外侧脚单脚支撑，内侧脚紧贴外侧脚，出弯后支撑脚向侧蹬后抬起，小臂向前抬起与地面平行，手握手杖杆自然下垂摆动，手杖杆动作小而轻。在练习过程中，注意双脚交替时机顺畅不跳跃，不要出现向外侧迈腿的动作。

②上坡滑行回转。在上坡过程中，沿 S 形滑行路线下降，使用滑行动作，在转弯时外侧脚单脚支撑，内侧脚紧贴外侧脚，出弯后支撑脚向侧蹬后抬起，小臂向前抬起与地面平行，手握手杖杆自然下垂摆动，手杖杆动作小而轻。

5. 放松运动（3 分钟）

游戏：舞龙。

方法：队员排成一路纵队，把滑溜布举过头顶变成一条长长的龙，教练带领着队员慢慢向前走，做上下左右摆动的舞龙动作。

6. 集合与道别（2 分钟）

课程结束教练需对队员的课堂学习表现进行小结，建议多以肯定和鼓励为主，最后教练与队员们相互道别。

注：下课后，通常队员还会继续玩一会儿，教练须限定好时间，时间一到，就需将教具回收，场地还原。

（五）课后作业

变换飞碟桩距练习回转节奏。

三、高级课程 03

（一）教学名称

跳跃式回转。

（二）教学目标

（1）提高灵敏度，培养勇于拼搏的精神，提高奔跑能力，手腕的灵活性和准确性；

（2）掌握轮滑回转的转弯加压发力。

（三）教学准备

器材：旗门杆、手杖杆、海绵棒、软式排球、矿泉水瓶、套圈、标志桶。

（四）教学过程

1. 课前准备

教学开始前，教练倒计时提醒队员相关准备事项：

（1）提醒队员上厕所；

（2）水杯放在指定区域；

（3）教具与器材归位。

2. 破冰游戏（5分钟）

游戏：打地鼠。

方法：队员一人用海绵棒作为击打棒，其他队员扮成老鼠。持棒人只能打奔跑的或站立的老鼠，不能打蹲下的老鼠。小老鼠们可以趁着持棒人不注意时，到处活动来寻找食物，在紧急情况，老鼠可以原地蹲下，持棒人也就不能打老鼠了。

3. 热身运动——轮滑操（5分钟）

（1）踏步预备（2×8拍）。

（2）冰裁风姿（4×8拍）。

（3）单轮壶韵（4×8拍）。

（4）花冰平衡（4×8拍）。

（5）滑雪撑杖（4×8拍）。

（6）速滑蹬摆（4×8拍）。

（7）压步加速（4×8拍）。

（8）蝶跪扑球（4×8拍）。

（9）冰球速运（4×8拍）。

（10）踏步放松（2×8拍）。

4. 主题课程

（1）身体素质练习（20分钟）。

①练习内容1：大猩猩。

【规则与要求】将队员分成人数约等的几个小组，分别成一路纵队站在起点后，排头的队员用腹部夹紧一个软式排球做好准备。比赛开始，排头队员迅速向前跑进绕过前方的折返标志物后返回起点线，将软式排球交给本队的下一名队员进行接力，依次进行，看哪队先完成比赛。

②练习内容2：套圈接力。

【规则与要求】将队员分成人数约等的几个组，分别成一路纵队站在起点线后，每人两个圈。正对前方15米有条投掷线，距离投掷线2~3米有若干个矿泉水瓶。发令后，小组排头队员手持圆圈向前跑进，将手中的圆圈在投掷线后抛出努力套入矿泉水瓶，无论套中与否应迅速返回接力本队下一名队员，依次进行。在规定的时间内哪组矿泉水瓶上圈多即为胜者。

◆课间休息（3分钟）：补水要求队员独立完成；如厕建议家长陪同前往。

（2）轮滑回转练习（20分钟）。

①下坡外侧单脚跳跃式回转。在下坡过程中，沿S形滑行路线下降，使用外侧单脚跳跃动作，在转弯时外侧脚单脚落地支撑，内侧脚紧贴外侧脚，出弯后支撑脚侧蹬跳跃至下一转弯点，交替支撑脚，小臂向前抬起与地面平行，手握手杖杆自然下垂摆动，手杖杆动作小而轻。

②下坡外侧单脚跳跃式回转交替手杖杆。在下坡过程中，采用下坡外侧单脚跳跃式回转动作，双手交替将手杖杆从一侧交替至另一侧。在练习过程中，由于过弯时腿部是伸直状态，而手部是弯曲等待发力状态，可将两个动作分解适应后再连贯练习。

5. 放松运动（3分钟）

游戏：炒蚕豆。

方法：队员两人一组手拉手相对站立，边唱歌边摆动双手"炒蚕豆，炒蚕豆，炒来炒去翻跟斗"，念完最后一句，两人同时举起一侧的手臂，将头从下方钻过去，转体360度（可重复2~3次）。

6. 集合与道别（2分钟）

课程结束教练需对队员的课堂学习表现进行小结，建议多以肯定和鼓励为主，最后教练与队员们相互道别。

注：下课后，通常队员还会继续玩一会儿，教练须限定好时间，时间一到，就需将教具回收，场地还原。

（五）课后作业

跳跃式回转练习。

四、高级课程04

（一）教学名称

单脚回转练习1。

（二）教学目标

（1）发展协调跑跳能力；

（2）增强灵敏性，提高奔跑和躲闪能力，培养顽强的精神；

（3）掌握单脚回转的翻刃技巧。

（三）教学准备

器材：旗门杆、手杖杆、沙包、标志桶。

（四）教学过程

1. 课前准备

教学开始前，教练倒计时提醒队员相关准备事项：

（1）提醒队员上厕所；

（2）水杯放在指定区域；

（3）教具与器材归位。

2. 破冰游戏（5分钟）

游戏：木头人。

方法：教练在队伍的最前面背向队员慢跑，队员们在教练后面相距一定的距离。当教练喊出"一二三，木头人"的时候，教练立马会转身回头，这时队员们要快速刹车，并保持刚才的动作和表情不能动，游戏再次开始，队员要在教练未转身之前无限接近教练。

3. 热身运动——轮滑操（5分钟）

（1）踏步预备（2×8拍）。

（2）冰裁风姿（4×8拍）。

（3）单轮壶韵（4×8拍）。

（4）花冰平衡（4×8拍）。

（5）滑雪撑杖（4×8拍）。

（6）速滑蹬摆（4×8拍）。

（7）压步加速（4×8拍）。

（8）蝶跪扑球（4×8拍）。

（9）冰球速运（4×8拍）。

（10）踏步放松（2×8拍）。

4. 主题课程

（1）身体素质练习（20分钟）。

①练习内容1：拍背追人。

【规则与要求】全体队员面向圆内站立在圆圈上，教练选出一人作为被追者沿圈外逆时针跑动。教练发令后，被追者可轻拍任何人背部，被拍的人立即转身追赶。如追人者在一圈内追上被追者，则双方角色互换；如追不上，被拍者继续转圈，可拍击其他队员的背部，自己变为被追者，比赛继续进行。

②练习内容2：蚂蚁搬物。

【规则与要求】将队员分成人数约等的几个队，每队分甲、乙两组，分别成纵队面对面站在起跑线和终点线后，甲组第一个队员仰面以手脚撑于地面，并腹部放一个沙包做好准备。比赛开始，队员手脚协调向前爬行，到达终点将沙包交给乙组的排头队员，依次进行，以先完成的队伍为胜。

◆课间休息（3分钟）：补水要求队员独立完成；如厕建议家长陪同前往。

（2）轮滑回转练习（20分钟）：

①下坡跳跃式回转。在下坡过程中，沿S形滑行路线下降，使用双脚同时跳跃动作，在转弯时双脚落地，出弯后双脚同时侧蹬跳跃至下一转弯点，上半身采用转弯处点杖动作，内侧手杖杆在转弯时向弯道圆心方向（内侧脚前外侧）点杖，不需要推进动作将手杖杆自然甩至身后抬杆，手杖杆点地起到一部分支撑作用。

②下坡单脚回转。在下坡过程中，沿S形滑行路线下降，使用单脚滑行动作，浮腿小腿紧贴支撑腿小腿，感受转弯换刃，小臂向前抬起与地面平行，手握手杖杆自然下垂摆动，手杖杆动作小而轻。注意左右腿都需要练习。

5. 放松运动（3分钟）

游戏：写数字。

方法：队员们双手叉腰，教练说出一个数字，就要扭动臀部和腰部，把教练说的数字"写"出来（可重复2~3次）。

6. 集合与道别（2分钟）

课程结束教练需对队员的课堂学习表现进行小结，建议多以肯定和鼓励为主，最后教练与队员们相互道别。

注：下课后，通常队员还会继续玩一会儿，教练须限定好时间，时间一到，就需将教具回收，场地还原。

（五）课后作业

有初速度的单脚回转练习。

五、高级课程05

（一）教学名称

单脚回转练习2。

（二）教学目标

（1）发展协调跑跳能力；

（2）发展身体协调性和平衡能力、培养灵活性、协调性、耐久力；

（3）掌握单脚回转的加速技巧。

（三）教学准备

器材：旗门杆、手杖杆、体操垫、沙包、标志桶、大龙球。

（四）教学过程

1. 课前准备

教学开始前，教练倒计时提醒队员相关准备事项：

（1）提醒队员上厕所；

（2）水杯放在指定区域；

（3）教具与器材归位。

2. 破冰游戏（5分钟）

游戏：数青蛙。

方法：教练将队员分成每6人为1小组，排头的人先喊"一只青蛙"，第二人立即喊"一张嘴"，第三人接着喊"两只眼睛"，第四人接喊"四条腿"，第五人接喊"扑通"，第六人接喊"跳下水"。依次循环。如有出错，从喊错的人重新开始。

3. 热身运动——轮滑操（5分钟）

（1）踏步预备（2×8拍）。

（2）冰裁风姿（4×8拍）。

（3）单轮壶韵（4×8拍）。

（4）花冰平衡（4×8拍）。

（5）滑雪撑杖（4×8拍）。

（6）速滑蹬摆（4×8拍）。

（7）压步加速（4×8拍）。

（8）蝶跪扑球（4×8拍）。

（9）冰球速运（4×8拍）。

（10）踏步放松（2×8拍）。

4. 主题课程

（1）身体素质练习（20分钟）。

①练习内容1：搭石过河。

【规则与要求】在场内画两条相距15米的平行线，一条为起点线，一条为终点线，在起点线前分别放上两块小体操垫。将队员分成人数约等的两队，每队又分成甲、乙两组。甲、乙两组面对面成纵队站在两条平行线后。发令后，甲队排头队员用双手将体操垫向前移动，随即抬起一只脚踏在第2块体操垫上，然后把后面空出的体操垫向前移动，再向前移一步，直到移至对面终点，将体操垫交至乙队排头队员，依次进行，以先完成的队为胜。

②练习内容2：顶包竞速。

【规则与要求】将队员分成人数约等的几组，成一路纵队站在起跑线后。教练发令后，排头同学用头顶着沙包，双臂侧平举，快速前行，绕过前方折返标志物返回起点线，将沙包交给本组下一名队员，依次进行，看哪组先完成。若途中沙包落地，必须捡起后放稳在头上继续进行，不得用手扶住沙包竞速。

◆课间休息（3分钟）：补水要求队员独立完成；如厕建议家长陪同前往。

（2）轮滑回转练习（20分钟）。

①上坡单脚回转。在上坡过程中，沿S形滑行路线上滑，使用单脚滑行动作，浮腿小腿紧贴支撑腿小腿，感受转弯换刃，与下坡不同的是，上坡需要更大的单脚侧蹬力，小臂向前抬起与地面平行，手握手杖杆自然下垂摆动，手杖杆动作小而轻。注意左右腿都需要练习。在练习过程中，由于坡度中单脚发力有限，则需运动员更多的使用大腿发力，更为高效的运用身体结构完成动作。

②下坡单脚回转平衡。在下坡过程中，沿S形滑行路线下降，使用单脚滑行动作，浮腿小腿向后抬起，感受转弯换刃，双手端平手杖杆，尽量保持上半身平衡。发力点可由髋部带动转弯，注意左右腿都需要练习。

5. 放松运动（3分钟）

游戏：大龙球。

方法：让队员俯卧或趴在垫子上，教练将大龙球放置在孩子身上，前后左右滚动或在中间轻轻挤压；队员半蹲坐上大龙球上，同伴协助保持大龙球稳定，让队员做上下振动练习。

6. 集合与道别（2分钟）

课程结束教练需对队员的课堂学习表现进行小结，建议多以肯定和鼓励为主，最后教练与队员们相互道别。

注：下课后，通常队员还会继续玩一会儿，教练须限定好时间，时间一到，就需将教具回收，场地还原。

（五）课后作业

零速起单脚回转加速练习。

六、高级课程 06

（一）教学名称

内侧单脚跳跃式回转练习。

（二）教学目标

（1）发展协调跑跳能力；

（2）培养变向奔跑的能力，提高灵敏度、奔跑能力和控制能力；

（3）增强轮滑回转的单脚力量。

（三）教学准备

器材：旗门杆、手杖杆、标志桶、铁环、白板。

（四）教学过程

1. 课前准备

教学开始前，教练倒计时提醒队员相关准备事项：

（1）提醒队员上厕所；

（2）水杯放在指定区域；

（3）教具与器材归位。

2. 破冰游戏（5分钟）

游戏：钟表人。

方法：首先教练在白板上画一个时钟模型，标识出时钟刻度，并为队员讲解相应刻度在地面的大约位置。其次将队员分成几排，人数不宜过多。最后教练说出一个时钟为几点，让第一排的队员迅速跑到指定的位置。跑错的队员被淘汰，后面几排队员依次进行。

3. 热身运动——轮滑操（5分钟）

（1）踏步预备（2×8拍）。

（2）冰裁风姿（4×8拍）。

（3）单轮壶韵（4×8拍）。

（4）花冰平衡（4×8拍）。

（5）滑雪撑杖（4×8拍）。

（6）速滑蹬摆（4×8拍）。

（7）压步加速（4×8拍）。

（8）蝶跪扑球（4×8拍）。

（9）冰球速运（4×8拍）。

（10）踏步放松（2×8拍）。

4. 主题课程

（1）身体素质练习（20分钟）。

①练习内容1：穿过丛林。

【规则与要求】将队员分成人数约等的4个组，成4列横队站好，左右间隔两臂距离。发令后，各最排头开始依次蛇形绕过本队的每一位队友，然后直线快速跑回自己的位置，与本组的第二名队员击掌接力，第二名队员需后退蛇形绕过排头队员和第三名队员，再回到自己的位置，与第三名队友击掌接力，依次进行，看哪组最先完成。

②练习内容2：滚铁环。

【规则与要求】将队员分成人数约等的4个队，每队站在起点线后成一路纵队。起点线上放4副铁环，线前15米处放一个折返标志桶。比赛开始，各队排头队员推动铁环向前跑进，绕过前方标志桶返回起点，以接力的方式同本队第二名队员交接，后面的队员按照此方法依次进行，看哪组最先完成。

◆课间休息（3分钟）：补水要求队员独立完成；如厕建议家长陪同前往。

（2）轮滑回转练习（20分钟）。

①下坡单脚回转平衡交替练习。同下坡单脚回转平衡练习一致，在单脚过三个弯后换脚，适应重心变化。在练习过程中，尽量减少由于换脚带来的身体侧移问题，让换刃及换脚动作更为流畅的产生，练习中的换刃及换脚时机一致，换腿中浮腿由后向前顺势滑出，做出替换脚的动作。

②下坡内侧单脚跳跃式回转。在下坡过程中，沿S形滑行路线下降，使用内侧单脚跳跃动作，在转弯时内侧脚单脚落地支撑，外侧脚向后抬起，出弯后支撑脚侧蹬跳跃至下一转弯点，交替支撑脚，小臂向前抬起与地面平行，手握手杖杆自然下垂摆动，手杖杆动作小而轻。

5. 放松运动（3分钟）

游戏：猴子打滚。

方法：一群小猴子们在玩耍，不停地滚来滚去。低着头，含着胸，弯着腰，手撑地，脚蹬手推，左滚右滚，玩得不亦乐乎。

6. 集合与道别（2分钟）

课程结束教练需对队员的课堂学习表现进行小结，建议多以肯定和鼓励为主，最后教练与队员们相互道别。

注：下课后，通常队员还会继续玩一会儿，教练须限定好时间，时间一到，就需将教具回收，场地还原。

（五）课后作业

原地内侧单脚跳跃练习。

七、高级课程 07

（一）教学名称

翻刃练习。

（二）教学目标

（1）发展平衡能力；

（2）提高耐力和往返跑能力，培养团队合作的能力，增强腿部力量，提高弹跳能力；

（3）掌握轮滑回转的翻刃技巧。

（三）教学准备

器材：旗门杆、手杖杆、塑料筐、气球、标志盘、体操垫、标志桶。

（四）教学过程

1. 课前准备

教学开始前，教练倒计时提醒队员相关准备事项：

（1）提醒队员上厕所；

（2）水杯放在指定区域；

（3）教具与器材归位。

2. 破冰游戏（5 分钟）

游戏：有缘气球。

方法：两人一组，在起点线站好，两人用头将气球夹紧，听见号令后就朝前方行进，到折返标志处再返回至起点，在折返点要格外注意，一不小心就会前功尽弃，回来起点线即算结束。

3. 热身运动——轮滑操（5 分钟）

（1）踏步预备（2×8 拍）。

（2）冰裁风姿（4×8 拍）。

（3）单轮壶韵（4×8 拍）。

（4）花冰平衡（4×8 拍）。

（5）滑雪撑杖（4×8 拍）。

（6）速滑蹬摆（4×8 拍）。

（7）压步加速（4×8 拍）。

（8）蝶跪扑球（4×8 拍）。

（9）冰球速运（4×8 拍）。

（10）踏步放松（2×8 拍）。

4．主题课程

（1）身体素质练习（20 分钟）。

①练习内容 1：接龙。

【规则与要求】在场内将 4 个塑料筐间隔 5~8 米摆放在场地一侧的边线上，将学生分成人数约等的几组，每组每人手持一个标志盘成纵队站在另一边线上。发令后，各组第一名队员跑至塑料筐前，将标志盘放入筐内，并按原路返回起点，用手拉着第二名队员的手，两人一起又跑向塑料筐，并将第二名队员的标志盘放入塑料筐内，返回起点，依次类推，直到本组最后一人接龙返回，最先完成的组为胜。

②练习内容 2：夹垫跳跃。

【规则与要求】将队员分成人数约等的几组，分别成一路纵队站在起点线后，各组排头队员双腿夹住一个小体操垫做好准备。发令后，各队排头队员迅速夹紧体操垫向前跳跃，绕过前方标志桶返回后，将体操垫交个本组的下一名队员，下一名队员按照同样的方法继续进行，看哪个队最先完成。

◆课间休息（3 分钟）：补水要求队员独立完成；如厕建议家长陪同前往。

（2）轮滑回转练习（20 分钟）。

①下坡单脚内外翻刃。在下坡过程中，沿 S 形滑行路线下降，使用外侧脚在转弯处内刃落地，后单脚滑行至下一转弯点时转变为外刃最小角度后抬起，另一侧脚内刃落地。可理解为左右交替叠步（压步），小臂向前抬起与地面平行，手握手杖杆自然下垂摆动，手杖杆动作小而轻。

②上坡单脚内外翻刃。在上坡过程中，沿 S 形滑行路线上行，使用外侧脚在转弯处内刃落地，后单脚滑行至下一转弯点时转变为外刃最小角度后抬起，另一侧脚内刃落地。可理解为左右交替叠步（压步），上半身采用转弯处点杖动作，内侧手杖杆在转弯时向弯道圆心方向（内侧脚前外侧）点杖，不需要推进动作将手杖杆自然甩至身后抬杆，手杖杆点地起到一部分支撑作用。注意翻刃后的侧向推动力和上下轻身/加压动作要更加明显。

5．放松运动（3 分钟）

游戏：壁虎与蜘蛛。

方法：勤学好问小蜘蛛们研究出一种新的爬行方法，就是翻转过来肚子朝天爬。听见"壁虎来了",蜘蛛们马上肚子朝天,手脚撑地,一扭一扭地爬,壁虎朝前爬,蜘蛛就往后爬;壁虎往后爬,蜘蛛就朝前爬。

6. 集合与道别(2分钟)

课程结束教练需对队员的课堂学习表现进行小结,建议多以肯定和鼓励为主,最后教练与队员们相互道别。

注:下课后,通常队员还会继续玩一会儿,教练须限定好时间,时间一到,就需将教具回收,场地还原。

(五)课后作业

滑行单脚翻刃练习。

八、高级课程08

(一)教学名称

单脚外内翻刃练习。

(二)教学目标

(1)发展协调跳能力;

(2)增强腿部力量,培养团队合作的能力,增强下肢和腰腹力量,提高弹跳能力,培养勇于进取的精神;

(3)掌握轮滑回转的外内翻刃技巧。

(三)教学准备

器材:旗门杆、手杖杆、排球、呼啦圈、硬币若干。

(四)教学过程

1. 课前准备

教学开始前,教练倒计时提醒队员相关准备事项:

(1)提醒队员上厕所;

(2)水杯放在指定区域;

(3)教具与器材归位。

2. 破冰游戏(5分钟)

游戏:手套拾币。

方法:教练先将准备好的若干硬币随意撒落在地上。要求队员带上塑料手套,将地上的硬币拾起。在限定时间内,队员拾得硬币多者获胜。

3. 热身运动——轮滑操(5分钟)

(1)踏步预备(2×8拍)。

(2)冰裁风姿(4×8拍)。

（3）单轮壶韵（4×8 拍）。

（4）花冰平衡（4×8 拍）。

（5）滑雪撑杖（4×8 拍）。

（6）速滑蹬摆（4×8 拍）。

（7）压步加速（4×8 拍）。

（8）蝶跪扑球（4×8 拍）。

（9）冰球速运（4×8 拍）。

（10）踏步放松（2×8 拍）。

4. 主题课程

（1）身体素质练习（20 分钟）。

①练习内容 1：二龙戏珠。

【规则与要求】将队员分成人数约等的几队，每队按照两两一排成纵队站在起点线后，各队排头的两名队员用相邻的单手共扶住一个排球，做好准备。发令后，各队持球的两人，同时向前跑，绕过前方折返标志物后返回起点，与本组队的第二组队员进行接力，此后的队员依次进行，看哪队先完成比赛。

②练习内容 2：量力抛跳接力。

【规则与要求】将队员分成人数约等的几个队，每队分成甲、乙两组，按照迎面接力队形站立于起点后，甲组排头队员手持一个呼啦圈做好准备。发令后，甲组排头队员根据自己的能力，把呼啦圈向前抛出，然后双脚向前跳一步进圈，从脚到头套一圈，再抛圈，再跳圈，到达对面后把圈交给乙组排头队员，乙组队员接圈后按照同样的方法继续进行，看哪队先完成比赛。

◆课间休息（3 分钟）：补水要求队员独立完成；如厕建议家长陪同前往。

（2）轮滑回转练习（20 分钟）。

①下坡单脚外内翻刃。在下坡过程中，沿 S 形滑行路线下降，使用内侧脚在转弯处外刃落地，后单脚滑行至下一转弯点时转变为内刃最小角度后抬起，另一侧脚外刃落地。小臂向前抬起与地面平行，手握手杖杆自然下垂摆动，手杖杆动作小而轻。

②上坡单脚外内翻刃。在上坡过程中，沿 S 形滑行路线上行，使用内侧脚在转弯处外刃落地，后单脚滑行至下一转弯点时转变为内刃最小角度后抬起，另一侧脚外刃落地。上半身采用转弯处点杖动作，内侧手杖杆在转弯时向弯道圆心方向（内侧脚前外侧）点杖，不需要推进动作将手杖杆

自然甩至身后抬杆，手杖杆点地起到一部分支撑作用。注意翻刃后的侧向推动力和上下轻身/加压动作要更加明显。

5. 放松运动（3分钟）

游戏：小猴子吃香蕉。

方法：小猴子今天练习了本领，肚子饿得呱呱叫。当教练把香蕉抛向哪个方向，那个方向的小猴子立马跳起来接住香蕉，然后津津有味地大口大口吃起来，吃得吧嗒吧嗒响。

6. 集合与道别（2分钟）

课程结束教练需对队员的课堂学习表现进行小结，建议多以肯定和鼓励为主，最后教练与队员们相互道别。

注：下课后，通常队员还会继续玩一会儿，教练须限定好时间，时间一到，就需将教具回收，场地还原。

（五）课后作业

滑行外内翻刃练习。

九、高级课程09

（一）教学名称

重心及指向性练习。

（二）教学目标

（1）发展协调跳能力；

（2）培养机智、勇敢、果断的品质，提高奔跑、躲闪的能力及投掷的准确性，提高奔跑能力和灵敏度；

（3）掌握轮滑回转的重心转移技巧。

（三）教学准备

器材：旗门杆、手杖杆、沙包、排球、标志桶。

（四）教学过程

1. 课前准备

教学开始前，教练倒计时提醒队员相关准备事项：

（1）提醒队员上厕所；

（2）水杯放在指定区域；

（3）教具与器材归位。

2. 破冰游戏（5分钟）

游戏：吹胡子瞪眼。

方法：教练将事将便签贴剪成小条，将队员分成 2 人 1 组，相互为对方在鼻尖、左右面颊上贴上小条。听见教练的口令后，队员用力吹掉粘贴的小条，最先吹掉者为胜。

3. 热身运动——轮滑操（5 分钟）

（1）踏步预备（2×8 拍）。

（2）冰裁风姿（4×8 拍）。

（3）单轮壶韵（4×8 拍）。

（4）花冰平衡（4×8 拍）。

（5）滑雪撑杖（4×8 拍）。

（6）速滑蹬摆（4×8 拍）。

（7）压步加速（4×8 拍）。

（8）蝶跪扑球（4×8 拍）。

（9）冰球速运（4×8 拍）。

（10）踏步放松（2×8 拍）。

4. 主题课程

（1）身体素质练习（20 分钟）。

①练习内容 1：冲过火力线。

【规则与要求】在场内画一条长约 15 米，宽约 3 米的跑道，将队员分成人数约等的两队，一队为攻，一队为守。守队间隔一定距离，每两人一组面对面蹲在跑道两侧，每人手拿一个沙包。发令后，攻队队员沿着跑道向前快速跑进，守队队员用沙包投击，击中者退出游戏，安全通过者得 1 分，最后两队攻防角色进行交换，得分多的队为胜。

②练习内容 2：抱球跑。

【规则与要求】把学员分成人数约等的几队，每队的排头队员手抱 2 个排球站在起跑线后作好准备。发令开始，队员抱住球快速向前跑进，绕过前方的折返标志桶返回起点，将球交于本队的下一名队员，第二名队员依次进行，看哪队最先完成。途中如遇排球掉地，必须捡起后再向前跑，排球不得在地上滚动。

◆课间休息（3 分钟）：补水要求队员独立完成；如厕建议家长陪同前往。

（2）轮滑回转练习（20 分钟）：

①下坡单脚外内翻刃交替手杖杆。在下坡过程中，沿 S 形滑行路线下降，使用内侧脚在转弯处外刃落地，后单脚滑行至下一转弯点时转变为内刃最小角度后抬起，另一侧脚外刃落地。双手身前交替将手杖杆从一侧交

替至另一侧。

②下坡外侧重心转移滑行回转。在下坡过程中，沿 S 形滑行路线下降，使用滑行动作的同时身体做出向外侧引导动作，用身体使得转弯半径更大，在转弯时外侧脚单脚支撑，内侧脚紧贴外侧脚，出弯后支撑脚向侧蹬后抬起，小臂向前抬起与地面平行，手握手杖杆自然下垂摆动，手杖杆动作小而轻。

5. 放松运动（3分钟）

游戏：老巫婆抢鞋。

方法：老巫婆没有鞋穿，看见所有的人都穿着漂亮的鞋，她就想来抢。当听见"抢左脚"，队员们就把左脚抬起来不停地跳；当听见"抢右脚"，队员们就抬起右脚不停地跳。

6. 集合与道别（2分钟）

课程结束教练需对队员的课堂学习表现进行小结，建议多以肯定和鼓励为主，最后教练与队员们相互道别。

注：下课后，通常队员还会继续玩一会儿，教练须限定好时间，时间一到，就需将教具回收，场地还原。

（五）课后作业

轮滑回转 S 形滑行。

十、高级课程 10

（一）教学名称

跳跃画弧回转。

（二）教学目标

（1）提高奔跑速度和灵敏度，增强下肢力量和身体协调性；

（2）培养果敢的品质，培养刻苦的精神；

（3）掌握轮滑回转的指向性技巧。

（三）教学准备

器材：旗门杆、手杖杆、标志桶、签字笔若干。

（四）教学过程

1. 课前准备

教学开始前，教练倒计时提醒队员相关准备事项：

（1）提醒队员上厕所；

（2）水杯放在指定区域；

（3）教具与器材归位。

2. 破冰游戏（5分钟）

游戏：巧套笔帽。

方法：将队员分成2人为1组，分别拿笔杆和笔帽，拿笔杆的人平均用眼罩蒙住双眼，持笔帽的人固定不动，然后用语言提示拿笔杆的人把笔插入笔帽中，注意拿笔帽的人不能主动配合对方，将笔杆插入笔帽的一组获胜。

3. 热身运动——轮滑操（5分钟）

（1）踏步预备（2×8拍）。

（2）冰裁风姿（4×8拍）。

（3）单轮壶韵（4×8拍）。

（4）花冰平衡（4×8拍）。

（5）滑雪撑杖（4×8拍）。

（6）速滑蹬摆（4×8拍）。

（7）压步加速（4×8拍）。

（8）蝶跪扑球（4×8拍）。

（9）冰球速运（4×8拍）。

（10）踏步放松（2×8拍）。

4. 主题课程

（1）身体素质练习（20分钟）：

①练习内容1：喊号追人。

【规则与要求】将队员分成两队面对面横向站立在场地中，两队间隔相距2-3米，在双方身后延伸10米分别画两条线作为追逐终点线。教练分别给两队进行编号，为号码"1"和"2"，要求每队记住自己的号码。发令后，教练喊"1"时，编号为"1"的队员向后后转身跑出，编号"2"的队员从后面追赶，在追逐区内追上前者得1分，最后看哪队得分多，多者为胜方。

②练习内容2：猜拳跳远。

【规则与要求】在场内画两条相距15米的平行线，将学员每2人分成一组。学员要熟悉猜拳口令：火箭>飞机>大雁。火箭赢了可跳3步、飞机赢了可跳2步、大雁可跳1步。比赛每组两人，其中一人猜拳，另一人等待立定跳远。发令后，两个组进行比赛，在相互比赛中，先到达终点线的组为胜。

◆课间休息（3分钟）：补水要求队员独立完成；如厕建议家长陪同

前往。

（2）轮滑回转练习（20分钟）：

①下坡跳跃画弧回转。在下坡过程中，沿S形滑行路线下降，使用内侧单脚跳跃动作后画弧，在转弯前内侧脚单脚落地支撑，外侧脚向后抬起，出弯后支撑脚侧蹬跳跃至下一转弯点前，交替支撑脚，小臂向前抬起与地面平行，手握手杖杆自然下垂摆动，手杖杆动作小而轻。

②下坡内侧脚指向性回转。在下坡过程中，沿S形滑行路线下降，双脚距离始终小于肩宽且距离固定，膝盖分开，使用脚后跟开始转弯，内侧脚带动方向，类似双脚 hockey stop 动作，小臂向前抬起与地面平行，手握手杖杆自然下垂摆动，手杖杆动作小而轻。

5. 放松运动（3分钟）

游戏：大灰狼吃苹果。

方法：所有队员手拉手围成一个圈，当教练说"大灰狼要吃红苹果"，所有的女孩立马松开手钻进圆圈中央，男孩赶紧手拉手保护女孩；当教练说"大灰狼要吃青苹果"，所有的男孩马上松开手钻进圆圈中央，女孩赶紧手拉手保护男孩。

6. 集合与道别（2分钟）

课程结束教练需对队员的课堂学习表现进行小结，建议多以肯定和鼓励为主，最后教练与队员们相互道别。

注：下课后，通常队员还会继续玩一会儿，教练须限定好时间，时间一到，就需将教具回收，场地还原。

（五）课后作业

跳跃画弧回转练习。

十一、高级课程11

（一）教学名称

脚踝转弯练习。

（二）教学目标

（1）培养团队协作能力；

（2）提高身体的灵敏度；

（3）掌握滚翻安全摔倒自我保护脚踝转弯的技巧。

（三）教学准备

器材：旗门杆、手杖杆、体操棒、篮球、标志桶。

（四）教学过程

1. 课前准备

教学开始前，教练倒计时提醒队员相关准备事项：

（1）提醒队员上厕所；

（2）水杯放在指定区域；

（3）教具与器材归位。

2. 破冰游戏（5分钟）

游戏：反弹入箱。

方法：教练将大小不一的4个纸箱相隔一定的距离放在2米之外，队员站在线后，然后将乒乓球抛在地上，利用其反弹力使之落入纸箱。事前规定各个纸箱的分值，纸箱越小分值越高。每人投10次，累计得分，分数高者为优胜者。

3. 热身运动——轮滑操（5分钟）

（1）踏步预备（2×8拍）。

（2）冰裁风姿（4×8拍）。

（3）单轮壶韵（4×8拍）。

（4）花冰平衡（4×8拍）。

（5）滑雪撑杖（4×8拍）。

（6）速滑蹬摆（4×8拍）。

（7）压步加速（4×8拍）。

（8）蝶跪扑球（4×8拍）。

（9）冰球速运（4×8拍）。

（10）踏步放松（2×8拍）。

4. 主题课程

（1）身体素质练习（20分钟）。

①练习内容1：共同进退。

【规则与要求】将队员分成每队3人的几个组，3人横向站立，其中两人面向前方，中间一人面向后方，3人手臂相挽。教练发令后，3人组合的一组向前方折返点前进，并绕过标志杆返回起点并与下一组击掌，下一组依次进行，直到最后一组完成。

②练习内容2：齐心协力。

【规则与要求】将队员分成每4人为一组成正方形站立，前后两人共用一根体操棒（或用竹竿代替），分别扛于内侧肩上，并将一个篮球放在两根体操棒上，站于起点线后。教练发令后，各组队员合力将篮球稳定好，快速向前行走，并绕过前面的标志物返回到起点，最后以速度快，掉球次数少的组获胜。

◆课间休息（3分钟）。补水要求队员独立完成；如厕建议家长陪同前往。

（2）轮滑回转练习（20分钟）。

①下坡脚踝连续转弯。在下坡过程中，使用脚踝做两次小幅度双脚换刃转弯后接一次下坡平行转弯动作，注意双脚在做脚踝转弯时双脚距离不超过一拳及平行转弯动作后的重心控制，小臂向前抬起与地面平行，手握手杖杆自然下垂摆动，手杖杆动作小而轻。

②上坡脚踝连续转弯。在上坡过程中，使用脚踝做两次小幅度双脚换刃转弯后接一次上坡平行转弯动作，注意双脚在做脚踝转弯时双脚距离不超过一拳及平行转弯动作后的重心控制，小臂向前抬起与地面平行，手握手杖杆自然下垂摆动，手杖杆动作小而轻。

5. 放松运动（3分钟）

游戏：老鹰吃鸡腿。

方法：有一只大老鹰很久没有吃鸡腿了，看见这么多小鸡，他要飞过来吃鸡腿。当教练说"老鹰，吃右腿"，队员们赶紧抬起右腿来躲避；当教练说"老鹰，吃左腿"，队员们马上抬起左腿来躲避。

6. 集合与道别（2分钟）

课程结束教练需对队员的课堂学习表现进行小结，建议多以肯定和鼓励为主，最后教练与队员们相互道别。

注：下课后，通常队员还会继续玩一会儿，教练须限定好时间，时间一到，就需将教具回收，场地还原。

（五）课后作业

脚踝转弯练习。

十二、高级课程12

（一）教学名称

标枪式练习。

（二）教学目标

（1）提高身体的灵活性和抛接能力；

（2）发展腿部力量和奔跑能力；

（3）掌握轮滑回转下坡单脚跳跃回转点地和下坡标枪转弯技术。

（三）教学准备

器材：旗门杆、手杖杆、纸杯、呼啦圈、排球、标志桶。

（四）教学过程

1. 课前准备

教学开始前，教练倒计时提醒队员相关准备事项：

（1）提醒队员上厕所；

（2）水杯放在指定区域；

（3）教具与器材归位。

2. 破冰游戏（5分钟）

游戏：真空吸杯。

方法：教练事先准备一次性纸杯若干，将队员分成两组，队员持纸杯站在起点线上，听见开始的口令后，用力吸气把纸杯吸在嘴上，绕过前方折返点后，返回至起点线，下一名队员才出发，途中纸杯掉了要迅速捡起，哪组先完成即为胜方。

3. 热身运动——轮滑操（5分钟）

（1）踏步预备（2×8拍）。

（2）冰裁风姿（4×8拍）。

（3）单轮壶韵（4×8拍）。

（4）花冰平衡（4×8拍）。

（5）滑雪撑杖（4×8拍）。

（6）速滑蹬摆（4×8拍）。

（7）压步加速（4×8拍）。

（8）蝶跪扑球（4×8拍）。

（9）冰球速运（4×8拍）。

（10）踏步放松（2×8拍）。

4. 主题课程

（1）身体素质练习（20分钟）。

①练习内容1：抛接呼啦圈。

【规则与要求】将队员分成人数约等的几队，成几路纵队站在起点线后。教练发令后，各队的排头队员快速前进，同时反复作抛圈和接圈动作，绕过折返点后，继续快速往回跑，同样作抛圈和接圈动作，回到起点后将圈交给本队的下一名队员，第二名队员接圈后按上述方法继续进行，哪队先完成即为胜。

②练习内容2：排球接力。

【规则与要求】将队员分成人数约等的两队，每队再分成甲、乙两组，两组各成纵队面对面站于两条平行线后，每队甲组排头队员手持排球。当教练发令后，甲组排头迅速地 S 形绕过地面标志桶，跑到乙组，将手持的排球交给乙组排头队员，乙组排头队员接球后采用同样的方法跑到甲队交接球，最后以先完成的队为优胜。

◆课间休息（3 分钟）：补水要求队员独立完成；如厕建议家长陪同前往。

（2）轮滑回转练习（20 分钟）。

①下坡单脚跳跃回转点地。在下坡过程中，沿 S 形滑行路线下降，使用外侧单脚跳跃动作，在转弯前外侧脚单脚落地支撑，内侧脚紧贴外侧脚轻点地转弯，出弯后支撑脚侧蹬跳跃至下一转弯点前，交替支撑脚，小臂向前抬起与地面平行，手握手杖杆自然下垂摆动，手杖杆动作小而轻。

②下坡标枪转弯。在下坡过程中，沿 S 形滑行路线下降，使用外侧单脚画弧动作，在转弯时外侧脚单脚落地支撑，内侧脚紧贴外侧脚向上抬起至小腿位置，出弯后支撑脚侧蹬至下一转弯点，交替支撑脚，小臂向前抬起与地面平行，手握手杖杆自然下垂摆动，手杖杆动作小而轻。

5. 放松运动（3 分钟）

游戏：蜈蚣抖腿。

方法：队员们自我抖动放松：双脚左右分开平行站立，脚跟提起，上体前倾，双臂侧举时吸气，由侧向下同时四肢抖动，小臂至腹前交叉位时呼气（可重复 2~3 次）。

6. 集合与道别（2 分钟）

课程结束教练需对队员的课堂学习表现进行小结，建议多以肯定和鼓励为主，最后教练与队员们相互道别。

注：下课后，通常队员还会继续玩一会儿，教练须限定好时间，时间一到，就需将教具回收，场地还原。

（五）课后作业

标枪式转弯练习。

第四章 轮滑回转业余运动员
等级测试版标准解析

第一节 等级划分说明

（1）一级运动员定级形式只设置定级测评考核，二级至九级运动员定级形式为赛事名次+定级测评考核，十级至十四级运动员定级形式为赛事名次+积分（表4-1、表4-2）。

（2）定级测评中出现外界或不可抗拒等因素干扰考试现象，考官可要求立即停止考试或重新开始。

（3）所有考生装备器材必须按中国轮滑协会行业标准要求，统一穿戴，包括陆地上必须穿运动服、运动鞋。

（4）竞速计时考试项目，考生需听发令后起跑，允许抢跑一次，如抢跑两次即为犯规，取消本轮次考试资格。

（5）轮滑回转平地标准场地图（图4-1）以及等级评定标准（表4-3）。

（6）未尽事宜，均按中国轮滑协会运动技能等级考试最新规则执行。

表4-1 轮滑回转业余运动员等级考核内容与标准（测试版）

轮滑回转运动员等级评定及晋级规则					
运动员等级	定级方式	可参与赛事	跳至此级	升级办法	年龄限制
一级 （业余一级 运动员水平）	定级测评	联赛	不可	定级测评	3~8岁
二级 （业余二级 运动员水平）	联赛+ 定级测评	联赛	可	各平地联赛 31~40名+ 定级测评	3~8岁
三级 （业余三级 运动员水平）	联赛+定级测评	联赛	可	各平地联赛 21~30名+ 定级测评	3~8岁

续表

轮滑回转运动员等级评定及晋级规则				
四级 （业余四级 运动员水平）	联赛+定级测评	联赛	可	各平地联赛 11~20名+ 定级测评	3~8岁
五级 （业余五级 运动员水平）	定级赛+联赛+ 定级测评	定级赛+ 联赛	可	各平地联赛前 10名+定级测评	3~8岁
六级 （业余六级 运动员水平）	定级赛+ 定级测评	国家级+省级+ 定级赛	业余五级 以上可	平地回转定级 赛前20名+定级测评	3~15岁
七级 （业余七级 运动员水平）	定级赛+ 定级测评	国家级+省级+ 定级赛	业余五级 以上可	平地回转定级 赛前10名+定级测评	3~15岁
八级 （业余八级 运动员水平）	省级平地回转 赛事+定级测评	国家级+省级+ 定级赛	业余五级 以上可	省级平地回转赛前 5名+定级测评	3~15岁
九级 （业余九级 运动员水平）	国家级平地回转 赛事+定级测评	国家级+省级+ 定级赛+高山	业余五级 以上可	国家级平地回转赛前 5名+定级测评	3~15岁
十级 （国家三级 运动员水平）	赛事名次+积分	所有比赛	业余七级 以上可	赛事名次+积分	9~22岁
十一级 （国家二级 运动员水平）	赛事名次+积分	所有比赛	业余七级 以上可	赛事名次+积分	9~22岁
十二级 （国家一级 运动员水平）	赛事名次+积分	所有比赛	业余七级 以上可	赛事名次+积分	16岁以上
十三级 （国家级 运动员水平）	赛事名次+积分	所有比赛		赛事名次+积分	16岁以上
十四级 （健将级 运动员水平）	赛事名次+积分	所有比赛		赛事名次+积分	16岁以上

表 4-2　轮滑回转业余运动员等级评定标准参照

轮滑回转赛事			
赛事名称	简称	每年场次	参与人数
平地联赛	联赛	10+	160~200
平地回转定级赛（平地联赛总决赛）	定级赛	1	200+
省级平地回转赛		3+	200+
国家级平地回转赛		1	200+

表 4-3　轮滑回转业余运动员等级评定标准参照

考核项目级别	标准动作考核									标准场地竞速最低标准
	站立	起跑	滑行	犁式	双脚单向半弯	前后轻身	左右轻身	上下轻身	点杖	
业余九级	√	√	√	√	√	√	√	√	√	8″
业余八级	√	√	√	√	√	√	√			9″
业余七级	√	√	√	√	√	√				10″
业余六级	√	√	√	√	√					11″
业余五级	√	√	√	√						13″
业余四级	√	√	√	√						15″
业余三级	√	√	√							20″
业余二级	√	√								25″
业余一级	√									30″

第二节　等级考核评定内容与标准

一、1 级内容与标准

（一）内容 1：轮滑回转的基本站立动作

1. 评定方法

基本姿势，站立姿势，两只脚呈 V 形站立，屈髋屈膝下蹲至膝后夹角 90 度，双手扶住膝盖，上身放松，目视前方 3~5 米处。

2. 评定标准

基本站立动作支撑 30 秒以上合格，两次机会。

（二）内容 2：标准平地回转比赛固定场地用时

1. 评定方法

从出发指令开始计时到运动员按照正确通过路径达到终点线。

2. 评定标准

用时小于或等于 30 秒合格。

二、2 级内容与标准

（一）内容 1：轮滑回转的起跑动作

1. 评定方法

（1）预备姿势：起跑预备姿势的主要任务是为快速的启动和疾跑做好准备而创造有利的条件，T 形站立预备姿势是较为有效的预备动作。

（2）起跑技术：目的是在较短的时间内获得较快的速度，并为滑跑打好基础，两臂前后摆动，配合腿的交替蹬地，疾跑过程中身体应有较大的前倾角度和两脚的开角，以较高的动作频率和较大的步伐向前跑动。

2. 评定标准

稳定奔跑 10 米以上。

（二）内容 2：标准平地回转比赛固定场地用时

1. 评定方法

从出发指令开始计时到运动员按照正确通过路径达到终点线。

2. 评定标准

用时小于或等于 25 秒合格。

三、3 级内容与标准

（一）内容 1：轮滑回转的基本滑行动作

1. 评定方法

在起跑结束后，已获得较大的身体惯性，变为双脚轮流侧蹬滑地，使身体快速向前运动。

2. 评定标准

能够相对平稳连贯地向前滑行 10 秒以上，两次机会。

（二）内容 2：标准平地回转比赛固定场地用时

1. 评定方法

从出发指令开始计时到运动员按照正确通过路径达到终点线。

2. 评定标准

用时小于或等于 20 秒合格。

四、4 级内容与标准

（一）内容 1：轮滑回转的基本犁式动作

1. 评定方法

减速时采用两脚呈内八字的内弧急停是最简便有效的急停方法，即用轮子内侧两脚内八字逐渐靠近，直至停止。

2. 评定标准

加速结束后，能够相对平稳停下，两次机会。

（二）内容 2：标准平地回转比赛固定场地用时

1. 评定方法

从出发指令开始计时到运动员按照正确通过路径达到终点线。

2. 评定标准

用时小于或等于 15 秒合格。

五、5 级内容与标准

（一）内容 1：轮滑回转的双脚单向半弯动作

1. 评定方法

鞋尖指向旗门开始，双脚同步立刃拧转，到达横站后恢复垂直路面站立并拧轮滑转使鞋尖重新对准下一旗门。

2. 评定标准

能够相对平稳地过 S 形弯，有两次机会。

（二）内容 2：标准平地回转比赛固定场地用时

1. 评定方法

从出发指令开始计时到运动员按照正确通过路径达到终点线。

2. 评定标准

用时小于或等于 13 秒合格。

六、6 级内容与标准

（一）内容 1：轮滑回转的前后轻身动作

1. 评定方法

前后轻身主要在滑行阶段熟练。但在平地回转的加压动作下，轮滑鞋因为额外的力而加速，因此会有着力点从脚掌到脚心到脚跟变化的新体验，同时平地回转的节奏快，因此对于重心的前后动态平衡要求更高。

2. 评定标准

助跑结束后，以静蹲姿态滑行，双脚脚尖踮起一下，脚跟翘起一下，交替滑行一段距离，两次机会。

（二）内容2：标准平地回转比赛固定场地用时

1. 评定方法

从出发指令开始计时到运动员按照正确通过路径达到终点线。

2. 评定标准

用时小于或等于11秒合格。

七、7级内容与标准

（一）内容1：轮滑回转的左右轻身动作

1. 评定方法

左右方向的平衡控制主要在滑行阶段熟练，是走出S形弯的关键。此后无论学习哪种技术，侧向的平衡都只是强化和适应新情况，以及不断扩展控制极限。

2. 评定标准

助跑结束后，以静蹲姿态滑行，左右交替压刃平稳通过U形弯，两次机会。

（二）内容2：标准平地回转比赛固定场地用时

1. 评定方法

从出发指令开始计时到运动员按照正确通过路径达到终点线。

2. 评定标准

用时小于或等于10秒合格。

八、8级内容与标准

（一）内容1：轮滑回转的上下轻身动作

1. 评定方法

上下方向的动作基本上就是蹲下和站起。在基础平行阶段这是引身的核心内容。在平地回转阶段，又增加了另一对上下方向的动作：轻身、加压。

2. 评定标准

静止状态以静蹲姿态左右压刃蹬地加速滑行，两次机会

（二） 内容 2：标准平地回转比赛固定场地用时

1. 评定方法

从出发指令开始计时到运动员按照正确通过路径达到终点线。

2. 评定标准

用时小于或等于 9 秒合格。

九、9 级内容与标准

（一） 内容 1：轮滑回转的点杖击杆动作

1. 评定方法

选手过旗门时的一个技术动作的俗称，为的是更靠近旗门的门杆，用更接近直线的线路快速通过。这样在过的时候，就要主动推开旗门，如果是被动地撞上，就有可能会失去平衡摔倒。

2. 评定标准

能够相对平稳地过 S 形弯，有两次机会。

（二） 内容 2：标准平地回转比赛固定场地用时

1. 评定方法

从出发指令开始计时到运动员按照正确通过路径达到终点线。

2. 评定标准

用时小于或等于 8 秒合格。

十、10 级内容与标准

凡符合下列条件者，可申请授予三级运动员称号。

（1） 在全国锦标赛中获任一单项前八者，且当年总积分排名前 32 者；在单项锦标赛中获得任一单项前六名，且当年总积分排名前 32 者；在地方赛事中获得任一单项前三名。

（2） 全国赛及单项锦标赛及地方赛参赛人数不足十人组别取消通级。

十一、11 级内容与标准

凡符合下列条件者，可申请授予二级运动员称号。

（1） 在全国锦标赛中获总排名前四或任一单项前二，且当年总积分排名前 16 者；在单项锦标赛中获得两项及以上前二名，且当年总积分排名前十六者；在地方赛事中获得两项及以上冠军；在国际赛事中取得名次酌情进行申报。

（2） 全国赛及单项锦标赛及地方赛参赛人数不足十人组别取消通级。

十二、12 级内容与标准

凡符合下列条件者，可申请授予一级运动员称号。

（1）在全国锦标赛中获总排名前三或任一单项前二，且当年总积分排名前五者；在单项锦标赛中获得两项及以上冠军，且当年总积分排名前五者；在国际赛事中取得名次酌情进行申报。

（2）全国赛及单项锦标赛参赛人数不足十人组别取消通级。

十三、13 级内容与标准

凡符合下列条件者，可申请授予一级运动员称号。

（1）在全国锦标赛中获总排名前二或任一单项冠军，且当年总积分排名前三者；在单项锦标赛中获得两项及以上冠军，且当年总积分排名前三者；在国际赛事中取得名次酌情进行申报。

（2）全国赛及单项锦标赛参赛人数不足十人组别取消通级。

十四、14 级内容与标准

凡符合下列条件者，可申请授予运动健将称号。

（1）在全国锦标赛中获总冠军或连续两年任一单项冠军，且当年总积分排名前二者；在单项锦标赛中获得两项及以上第一名，且当年总积分排名前二者；在国际赛事中取得优异成绩者。

（2）全国赛及单项锦标赛参赛人数不足十人组别取消通级。

第五章 轮滑回转竞赛规则解析

第一节 高山回转赛竞赛组织

一、赛道基本要素

赛道基本要素包括：出发区域、出发/出发建筑、赛道、时间范围/定时、目的/终点结构。

二、技术要素

技术要素包括：起点和终点设备、测量装置、赞助商广告、有线连接、带平台的回旋立柱、安全屏障、安全设备、立体声系统。

三、所需材料

材料和技术结构体系负责人必须准备好以下材料：两种不同颜色的回转立柱、符合标准的出发台、相应数量的旗帜（适合回转立柱使用）、用于标记立柱的粉笔或标签、用于标记立柱位置的粉笔或颜色、防潮材料、反弹垫。

四、立柱指定

回转立柱的位置必须用彩色或粉笔明显标记，在整个比赛过程中都清晰可见。

五、立柱编号

立柱须从赛道的顶端到底部连续编号，号码须固定在每个立柱或紧固板上，或者写在紧固板旁边。不包括起点和终点。

六、备用立柱

赛道负责人负责储备足够数量的备用立柱。备用立柱需单独放置，以免引起混淆，必须固定好，不得散落比赛场内以免危及运动员安全。

七、封锁赛道

当立柱开始放置时须封锁赛道，参赛者在这期间不准进入赛道。被允许进入封锁赛道的教练、团队负责人和服务人员等，须由裁判组指定。裁判组或组委会可在正式训练和比赛时间内封锁赛道或部分赛道，此时间段运动员、教练等不允许再上赛道。

八、改变赛道

除裁判组指示外，任何人无权改变立柱、标记、旗帜或安全设施以及拆除它们。当赛道在所有方向的变化小于1米时，赛道可不必再次进行检查。

九、立柱类型

（1）倾斜立柱只允许使用有共同构造的倾斜立柱。
（2）只有倾斜立柱与固定立柱固定在一起，才符合比赛安全要求。

十、旗门底座

旗门底座须经测试机构批准才能获得认可。

十一、计时

1. 计时装置要求
在常规赛和全国性比赛中，起点和终点间须使用有线连接的计时系统。

2. 电子计时
在所有比赛中，必须使用一个精确到毫秒的计时系统。

3. 启用时间
计时系统须在比赛开始前1小时内启用，确保计时系统运行正常。

4. 起点计时系统的组装
起点计时触发装置须固定在参赛运动员膝盖左右高度，且比赛中不得改变安装位置。若比赛中确因需要改变，同一设备必须在同一位置使用。在启用计时前，需与技术代表一起检查、保证计时系统的功能完整和放置正确。

5. 终点计时系统的组装
终点计时系统安装必须面向回转立柱的边界，将光电管固定在纠偏器上，且光电管之间的线须用颜色进行标示。这样安装的目的是保证光线可捕捉到参赛运动员的脚踝和膝盖间的部位，从而触发终点计时器。

6. 计时规则

（1）起点。当参赛运动员小腿越过起跑线时，须推动起动柄激活计时系统，开启电子计时系统。

（2）终点。当参赛运动员越过终点线并打破光电管的光线时，电子计时系统自动停止。

（3）如参赛运动员摔倒后越过终点计时系统导致终点计时未停止，运动员需在不影响终点计时的情况下返回摔倒位置重新出发，当运动员随即越过终点线后，计时有效。

（4）计时器自动输出的计时成绩须由技术代表审查并签字，并由计时负责人保管。

（5）如果官方允许手计时输入或修改，则须在文件中打印一个区分标记（用星号标识），以将这次校正显示在所有计时文件中。

7. 手动计时

手动计时须完全分离和独立于电子计时，为防止电子计时系统故障，比赛中必须同步使用手动计时。在比赛中，优先采用与电子计时系统相同的手动计时校正成绩。

8. 手动计时校正

在电子计时失败的情况下，以校正手动计时为准。手动计时成绩被校正后可用于比赛正式成绩和排名。

9. 校正计算

如电子计时系统出现紧急问题无法正常工作时，则采用手动计时的结果作为比赛，但手动计时必须经过校正。手动计时和电子计时的差值计算，在同时使用电子计时和手动计时对参赛运动员近几次滑行的时间差额除以滑行次数，取得数据的平均值，就可获得参赛运动员手动计时后的修正时间。

10. 公布成绩

主办方须为公布比赛成绩准备适当的视听设备，注意视听设备不应安装在起点或计时系统附近。

十二、起点

1. 出发区

出发区是一个分界区域，参赛运动员只允许一位教练陪同，须保证起点工作人员在工作时不受其他不利环境因素的影响。

2. 出发准备点

在出发区旁边为教练、团队负责人、服务人员等提供一个单独的地方，他们可以与竞争者一起准备比赛，不受阻碍。

3. 出发斜坡

参赛运动员在出发斜坡应为安静地等待出发指令而不应用力触及地面，影响其他运动员。

4. 出发操作

任何人不得协助参赛运动员进行出发操作。当发令员到位时，发令员不能触碰参赛运动员。参赛运动员须把手杖放在指定的位置上，对于缺少手杖的运动员，发令员无权提供任何帮助。

5. 出发延误

（1）参赛运动员在规定时间里不在起点区域内，将被取消比赛资格。如起点裁判认为是由不可改变的其他原因所引起，裁判组可进行原谅。

（2）如无法明确参赛运动员是由物质缺陷或个人身体不适等非不可改变原因而造成的，起点裁判可持保留态度。

（3）起点裁判对于出发延误做出的决定必须报告给技术代表，其中包括因延误不允许出发或因延误但还允许继续参赛的选手的姓名和比赛号码。

6. 出发指令

（1）按照国际比赛规则，所有的起跑指令都必须用英语进行发布。

（2）起点出发指令和出发手势。

发令员在出发开始前 10 秒给所有参赛运动员一个提示信号："10 秒"，5 秒后他开始倒计时："5，4，3，2，1"，然后给出了出发指令："出发!"发令员须给参赛者看到出发手势的机会。

无出发手势下的出发指令

"出发号码……?"

"预备，出发。"

"选手出发，下一位选手号码为……"

7. 有效出发和抢跑

参赛运动员听到"出发"指令后，必须在 10 秒内开始比赛即为有效起跑。在出发指令发出之前出发则被判为抢跑，出发指令 10 秒之后不出发的选手将被取消参赛资格。

8. 抢跑

起点裁判须向技术代表报告抢跑或出发犯规运动员的号码。

十三、终点

1. 终点区域

（1）终点区域须位于一个较明显的地方需要有足够的宽度和长度，在终点滑行的末尾可以放一些柔和的大垫子，便于运动员完成出站。

（2）终点区域须完全封锁，保证参赛运动员的安全，未经许可者不得进入终点区域。

（3）为保证参赛运动员的安全，终点区域应避免混乱。条件允许的情况下，可在终点区域指定一处安全区为采访区，便于媒体采访比赛结束的运动员。

2. 终点线及其标志

（1）终点线应标有醒目的颜色，便于参赛运动员区分。

（2）终点线两侧须有两条带状或类似的标记。

（3）两条带状标记之间的距离至少为 5 米。

（4）在终点线上可添加一个书写"终点"的小横幅。

第二节　平地回转赛竞赛组织

一、参加办法

（一）参赛条件

（1）平地轮滑回转比赛参赛运动员至少年满 3 周岁以上。

（2）参赛运动员必须办理赛事期间的意外伤害保险。

（3）参赛运动员必须在报到时出示身份证或其他有效身份证明材料。

（二）报名规定

（1）所有参赛运动员必须购买"人身意外伤害保险"，并在报名时提交保险单据证明（保险单据可复印件或电子档），否则不允许参加比赛。

（2）所有参赛运动员都需仔细阅读并签署运动员协议。

（3）参赛运动员应使用符合国家安全标准的轮滑鞋（单、双排均可）并使用符合国家标准的安全护具。组委会有权拒绝运动员使用不安全及危险性器材参赛。

（4）所有参赛运动员均要仔细核对报名信息和所参加的比赛项目，若发现报名信息虚假或报名参赛项目不符，将被取消比赛资格和所有本次比赛已获得的成绩。

二、竞赛办法

（一）赛道

平地轮滑回转赛所使用赛道设置均为指定的平地轮滑回转赛道。平地回转赛道设置如图 5-1 所示。

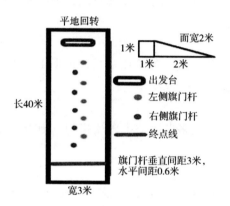

图 5-1　轮滑回转平地标准场地图

（二）竞赛规程

1. 出发

（1）检录裁判员负责召集运动员，并把两队运动员带至起点，告知运动员在指定的地点活动。发令员为运动员安排起点位置后发出"各就各位""预备"信号，短暂停顿之后，鸣哨。

（2）在发令员发出"预备"信号之后，运动员如有问题可以举手示意，发令员停止起跑程序，并示意所有的运动员离开起点线，每位运动员只有一次机会，问题解决之后，重新开始比赛。

（3）若起跑出现重大失误，影响到比赛的公正性，则需召回运动员重新起跑。

（4）起跑犯规。

①运动员在出发信号发出之前起动，将被判犯规，警告 1 次，并重新起跑。

②由于一名运动员的抢跑引起另一名运动员的跟跑，则只警告最先抢跑者。

③在所有比赛中，如遇起跑犯规，发令员需再次鸣枪或鸣哨召回所有

运动员回到原起跑位置，重新起跑。

④每名运动员只允许 1 次起跑犯规，第二次犯规将被取消该项比赛资格。

2. 终点判定

（1）领先到达终点运动员的判定以前落地脚的轮滑鞋前点越过终点线为准。

（2）如运动员在终点线摔倒导致双脚离地，则以运动员前脚到终点线为准。

3. 名次确定

预赛采用团队计时赛，其余各轮比赛采用团队 PK 赛制，决赛第五名以后的团队按照预赛团队计时成绩排名。

4. 计时赛附加赛

在计时赛中，如果出现多名运动员成绩相同，则需进行附加赛以确定最终名次。

5. 成绩宣告

每项比赛结束后，裁判长（或授权比赛宣告员）宣布本次比赛成绩。

6. 竞赛规则

（1）运动员除听取教练员的场外指导外，严禁接受任何形式的援助。

（2）各项比赛的滑跑途中，运动员应沿规定的赛道滑行至终点，身体从左侧旗门杆的左侧与右侧旗门杆的右侧滑行。不得滑行出比赛规定场地。

（3）在比赛时不允许漏杆或错杆情况。

（4）当轮滑鞋出现故障时，在不妨碍比赛进行的情况下，运动员可以更换轮滑鞋或进行修理。

（5）运动员摔倒时，应自己站起来继续比赛，不得接受他人帮助。否则，将被淘汰。

（6）在比赛中如出现消极比赛，可取消运动员的比赛资格。

（7）比赛过程中允许用身体或手杖杆击打旗门杆，要求轮滑部分必须按照正确的滑行路线前进。

（8）运动员如违反上述规则可被取消该项比赛资格。

7. 比赛服装

（1）参加比赛的同一单位的所有运动员都必须身着统一的服装，颜色和图案要一致。

（2）比赛服的广告只允许在服装的前胸和后背上方处。广告不得影响各队队服颜色的识别，不得与号码布的位置相冲突（裁判有权调整号码布位置）。

8. 轮滑鞋

（1）每只轮滑鞋最多可以有6个轮子，可以是单排轮形式，也可以是双排轮形式。轮滑鞋最长不得超过50厘米。轮子和轮架必须牢固安装在鞋上，轮轴不能突出到轮子以外。

（2）轮子的最大直径为125毫米。

9. 头盔及其他器材

（1）个人计时赛可以允许戴有尾翼的头盔。

（2）需正确佩戴头盔，在比赛结束之前摘掉头盔的运动员将被取消比赛资格。

（3）参赛运动员须按照规定穿戴必要的护具，包括：头盔、护手、护肘、护膝、护臀等。建议使用回转专用手杖杆进行比赛。

（4）在比赛中禁止使用无线通信设备。

（5）在比赛中禁止携带可造成运动员伤害的物件。

10. 反兴奋剂

应严格遵守中华人民共和国《反兴奋剂条例》及国际轮滑联合会反兴奋剂的相关规定。

11. 参赛组别及年龄规定

（1）幼儿B组：3~6岁。

（2）幼儿A组：7~8岁。

（3）少年C组：9~10岁。

（4）少年B组：11~12岁。

（5）少年A组：13~14岁。

（6）青年组：15~18岁。

（7）成年组：大于19岁。

12. 竞赛办法

（1）小回转。每名运动员比赛两轮，取最快有效成绩作为最终成绩，比赛过程中出现漏杆、错杆情况直接取消本轮成绩。

（2）大回转。每名运动员比赛两轮，取最快有效成绩作为最终成绩，比赛过程中出现漏杆、错杆情况直接取消本轮成绩。

（3）综合回转。

①技术规范：包括一个小回转和一个大回转。第一轮是小回转比赛，第二轮是大回转比赛。每人每轮只有一次滑跑机会，比赛中出现漏杆、错

杆情况需返回失误点由错误路线进入旗门杆绕杆半周至正确路线继续滑行，失误时间进行累计。

②出发顺序：在第一轮小回转比赛中，参赛运动员应根据抽签号码顺序进行比赛。在第二轮大回转比赛中，运动员根据第一轮的成绩比赛确定出发顺序。

③比赛成绩：比赛成绩为每一名参赛运动员两轮比赛的时间之和。

13. 其他

（1）有意结合比赛进行宣传的单位请与主办单位协商。

（2）比赛主办单位有权无偿使用运动员的图片、录像等进行旨在促进轮滑运动发展的各项宣传、推广活动。

（3）比赛仲裁及裁判长须由主办单位选派。

（4）各参赛单位务必自行办理伤病意外事故保险，报到时须检查保险单，未办理保险的运动员不得参赛。

（5）本规程如未尽事宜另行通知，最终解释权归属赛事组委会。

第三节　小回转竞赛组织及规则

一、技术规格

（1）一个回转旗门至少包括一个带立柱的倾斜杆和一个固定底座。

（2）旗门立柱与立柱间距离不小于 3 米，不超过 8 米。

（3）两种不同颜色的旗门，不少于 30 个，不超过 60 个。

（4）回转旗门必须由水平（开口）和垂直（闭口）的旗门组成。

（5）每个组合门由 3 个或 4 个旗门组成，其中闭口门组合最少 1 个最多 3 个。

（6）旗门组合也可设计 1~3 个发卡转弯组合以增加滑行难度。

二、坡度

赛道必须有 6%~15% 的坡度。

三、赛道宽度

赛道宽度约 5 米。

四、赛道的布置

赛道布置注意事项如下：

（1）避免旗门的组合形式单调。

（2）避免易迫使参赛运动员突然刹车的旗门设置，回转赛道设置应对运动员流畅的滑行不形成干扰。

（3）最好是把旗门放置在一组很困难的组合之前，这样运动员可在通过旗门后完成一组流畅组合动作。

（4）避免将困难的旗门组合放在赛道的起点或终点。

（5）最后的一组旗门设置应不增加竞赛难度，以便参赛运动员能快速通过终点线。

（6）最后一个旗门的放置点不要太靠近终点线，它应该引导参赛运动员滑行至终点，保障运动员顺利完赛。

五、赛道的检查

（1）在赛道安装员设置完赛道之后，裁判组必须检查赛道是否适合比赛。

（2）旗门底座与旗门杆是否连接正常。

（3）旗门颜色的顺序必须保持不变。

（4）旗门的位置必须在地上标明。

（5）旗门必须按照顺序进行编号和摆放。

（6）备用立柱须确保可使用和保存得当。

六、赛道完成

赛道必须在正式比赛开始前1.5小时完成赛道布置。

七、赛道封闭

赛道在比赛当天最后视察前应保持封闭。

八、赛道视察

参赛运动员赛前允许视察赛道和熟悉赛道。

九、视察方式

参赛运动员须在没有穿轮滑鞋的情况下，并佩戴参赛号码才可视察赛道，视察须听从裁判组的安排，从终点到起点或从起点到终点进行视察。

十、视察时间

（1）视察时间由裁判组通过广播、麦克风等进行宣布。

（2）视察时间为 25 分钟，裁判组根据需要可改变视察时间。

（3）工作人员须在视察正式开始前 15 分钟对赛道进行清理。

十一、比赛开始指令

只有裁判组根据天气情况和赛道条件改变时，才能被允许改变起跑指令。

十二、比赛人数限定

当超过 50 名的参赛运动员时，在第一轮滑跑中限定最好的 50 名男子或 50 名女子运动员进行第二轮滑跑。第二轮滑跑的起跑名单必须及时宣布。

十三、指令清除

赛道问题及上轮计时数据完全清除：

（1）在比赛开始前，技术代表宣布赛道问题完全清除。

（2）在比赛结束后，计时负责人宣布上轮计时数据完全清除。

十四、起跑时间间隔

（1）起跑时间间隔是参赛运动员安全的有效方式。

（2）起跑间隔须有足够时间让旗门裁判和赛道工作人员按照规定执行工作。

（3）裁判组可允许以不规则的间隔起跑。

如电视拍摄人员在现场，最后 20 名选手的起跑间隔是 60 秒，以上一名选手通过终点线开始计算间隔时间。

十五、起跑指令

用英语宣告："各就各位—预备—出发！""选手出发，下一个选手号码为……"

十六、有效起跑

听到"出发"指令后，参赛运动员必须在 10 秒内开始比赛即为有效起跑。

十七、违规

比赛中出现漏杆、错杆情况此轮比赛成绩无效。

第四节　大回转竞赛组织及规则

一、技术规格

1. 旗门

大回转由两个倾斜立柱，一个固定系统和一个横跨在其中的织物组成。在拉扯力过重的情况下织物应从立柱上放下来。

2. 旗门间距

从一个倾斜杆到另一个倾斜杆的距离不小于 10 米，不超过 15 米。

3. 旗门数量

两种不同颜色的旗门，不少于 20 个，不超过 35 个。

4. 旗门组合

大回转包括大、中、小半径的轮换，参赛运动员有选择路径的自由。

二、赛道坡度

赛道的平均坡度必须达到 6%~10%。例外情况可由裁判组做出决定。

三、赛道宽度

比赛赛道宽约 5 米。

四、赛道布置

（1）避免易迫使参赛运动员突然刹车的旗门设置，回转赛道设置应对运动员流畅的滑行不形成干扰。

（2）最后一个旗门的放置点不要太靠近终点线，它应该引导参赛运动员滑行至终点，保障运动员顺利完赛。

五、大回转赛道的检查

在赛道安装员设置完赛道后，裁判组必须检查赛道是否适合比赛。

（1）在固定系统中固定立柱。

(2) 颜色的顺序必须保持不变。
(3) 旗门的位置必须标明。
(4) 旗门必须进行编号。
(5) 备用立柱必须可用和保存得当。
(6) 起跑和结束必须按照规定进行。

六、赛道完成

赛道必须在正式开始前 1.5 小时为比赛做好准备。

七、赛道视察

参赛运动员赛前允许熟悉赛道。

八、视察方式

参赛运动员必须在不穿轮滑鞋的情况下，并佩戴参赛号码才可视察赛道，裁判组对视察的顺序进行统一决定，可从起点到终点，也可从终点到起点。

九、视察时间

(1) 视察时间由裁判组通过广播、麦克风等进行宣布。
(2) 视察时间为 40 分钟，裁判组根据需要可改变视察时间。
(3) 工作人员须在视察正式开始前 15 分钟对赛道进行清理。

十、起跑指令的改变

只有裁判组根据天气情况和赛道条件改变时，才能被允许改变起跑指令。

十一、比赛人数限定

当超过 50 名的参赛运动员时，在第一轮滑跑中限定最好的 50 名男子或 50 名女子运动员进行第二轮滑跑。第二轮滑跑的起跑名单必须及时宣布。

十二、指令清除

赛道问题及上轮计时数据完全清除：
(1) 在比赛开始前，技术代表宣布赛道问题完全清除。
(2) 在比赛结束后，计时负责人宣布上轮计时数据完全清除。

十三、起跑时间间隔

(1) 起跑时间间隔是参赛运动员安全的有效方式。

（2）起跑间隔须有足够时间让旗门裁判和赛道工作人员按照规定执行工作。

（3）裁判组可允许以不规则的间隔起跑。

如电视拍摄人员在现场，最后 20 名选手的起跑间隔是 60 秒，以上一名选手通过终点线开始计算间隔时间。

十四、起跑指令

起跑指令用英语："on your marks-set-go"（各就各位—预备—出发）。参赛运动员听到"出发（go）"指令后，必须在 10 秒内开始比赛即为有效起跑。任何在这一时期内没起跑的选手将被判罚，起点裁判必须向技术代表宣布抢跑或违反起跑规则选手。

十五、有效起跑

"出发"指令后，参赛者必须在 10 秒内开始比赛。当规则正确应用时，起跑有效。

十六、大回转安排

大回转通常在两轮滑跑中完成，尽可能在两轮不同的滑跑中完成。

十七、成绩无效

如在大回转比赛中参赛运动员没有准确地通过旗门或摔倒，他将不能返回再继续滑行。即出现漏杆、错杆、摔倒的情况此轮成绩无效。

十八、第二轮滑跑限制

第二轮滑跑的人数将会有限制。参加第二轮滑跑者会得到邀请或在公告牌上获得信息公告。如果选手未完成第二轮滑跑，裁判组做出决定，也可由第一轮比赛做评估。

第五节　综合回转竞赛组织及规则

一、技术规范

（1）技术规范包括一个小回转和一个大回转。

（2）第一轮是小回转，第二轮是大回转。每人每轮只有一次滑跑机会，竞赛中出现错杆、漏杆情况需返回失误点由错误路线进入旗门杆绕杆半周至正确路线继续滑行，失误时间累计。

二、比赛顺序

（1）在第一轮小回转比赛中，参赛运动员根据比赛积分开始比赛，积分多者的先出发，积分少者后出发。

（2）在第二轮大回转比赛中，参赛运动员根据第一轮比赛成绩的高低，按从高到低的顺序出发。

三、比赛成绩

比赛成绩由每一个参赛运动员两轮比赛的时间总和为最终比赛成绩。

第六节　平行回转竞赛组织及规则

一、技术规范

平行回转是两个相邻参赛运动员同时滑行，赛程须尽可能在水平和垂直线上保持相同。

二、旗门数量

两种不同颜色的旗门，不少于 20 个，不超过 35 个。

三、赛道宽度

赛道宽度规定至少 6 米。

四、参赛条件

每个运动员必须有一个参赛护照，并签署运动员参赛声明。

五、犯规判罚

按照轮滑小回转规则执行犯规判罚。

六、资格赛

（1）所有男、女运动员只有一轮资格计时赛。

（2）平行回转资格赛最终产生 32 名出线运动员，根据资格赛成绩选出男、女各 32 名运动员进入后面的 1 对 1 淘汰赛。

七、正赛

（1）根据资格赛成绩确定参加正赛的参赛名单。
（2）男、女各 32 名运动员组成平行回转赛出场名单。

八、检查

1. 检查方式
参赛运动员必须在没有轮滑鞋的情况下，并佩戴参赛号码才可视察赛道，视察可从终点到起点或从起点到终点，由裁判组最终决定。

2. 检查时间
裁判组检查赛道开始和结束时间将通过麦克风宣布，除非裁判组另有决定，检查时间为 20 分钟。正式开始时间前 30 分钟完成清理赛道。

九、出发执行

由技术代表执行，若有情况发生时，计时负责人也需要共同参与。

1. 出发
出发指令将由出发负责人发布。发令台应设在两个出发门中间的前面或后面，两名出发助理在出发位置协助运动员出发，但不得触碰运动员身体。

2. 出发团队
平行回转出发团队由一名出发裁判（他须正确的掌握出发指令及打开出发门）、一名出发裁判助理、一名出发负责人组成。

十、出发门计时器

两个出发门，由一个电气控制系统同步进行开锁。也可手动操作开启。但必须保证是两位选手从两个门同时出发。

十一、两个出发门间的横向距离

两个出发门间横向的距离应在 3 米左右。

十二、计时

参赛运动员滑行计时以电子计时为佳，然而不同主办单位或组织者仍可自由决定是否可同时使用手计时，但必须标明两者的准确差别，并在公布成绩时标明。

十三、出发命令

起点裁判在确认旗门裁判和终点裁判准备完毕的前提下，发布出发指令。出发指令为"注意""出发"，同时打开门或启动坠落板，参赛运动员在出发信号发出后 10 秒内必须出发。

十四、启动门触发

启动门是用电脉冲启动，同时为两位参赛运动员触发的。

十五、出发顺序

出发顺序的原则是按照排名顺序从高到低出发。小组的第一名先出发，然后是小组第二名再出发。同组中的两名运动员成绩较低者在红色旗门杆组成的赛道进行比赛，成绩较高者在蓝色旗门杆组成的赛道进行比赛。第二轮比赛两者交换场地。

十六、重新出发

若出发装置出现技术故障，则须召回运动员重新出发。

十七、取消参赛资格

（1）参赛运动员未穿戴规定的比赛基础护具。
（2）参赛运动员在起跑门打开前违规越界。
（3）早于出发指令起跑（抢跑）。
（4）参赛运动员在指定标示区域内没有两支手杖杆者（推广赛事中是否使用手杖杆由裁判组决定）。
（5）参赛运动员从一条路线跨到另一条路线。
（6）参赛运动员有意或者无意阻碍对手。

十八、申诉

在比赛成绩公布后，参赛运动员对比赛判罚有疑问，可书面提出申诉。

十九、终点撞线系统

终点撞线系统是对称设置在终点门上的。终点门是用两根"立柱带"表示为终点旗门，其中光电管必须安装在一条直线上，且位于立柱内侧并排，终点旗门至少 90 厘米宽且旗门的正下方地面上须有明显标记的终点线。

二十、比赛号码

参赛运动员将获得比赛身份的号码布，并保留直到比赛结束。

二十一、运动员晋级

1. 第一轮比赛

第一轮比赛后，获胜者将获得晋级下一轮比赛资格。

（1）当对方对手在两次试滑中被取消资格，本方选手获得晋级下一轮比赛资格。

（2）如两轮比赛后出现平局，须加赛一轮，此次的出发顺序将由抽签决定。

2. 八分之一决赛

16 名参赛运动员以排名成绩，按蛇形排位进行出发，比赛分两次试滑，8 人晋级四分之一决赛。

3. 四分之一决赛

8 名参赛运动员以成绩排名，按蛇形排位进行出发比赛。

4. 半决赛和决赛

进入半决赛的 4 名参赛运动员以成绩排名，按蛇形排位进行出发，决出冠、亚、季军和第四名。

二十二、旗门裁判

旗门裁判位于赛道外侧，当运动员犯规时，旗门裁判员须举面示意。旗子颜色与裁判控制的赛道旗门杆颜色相匹配（蓝色或红色），犯规记录都须登记在旗门裁判员手卡上。携带黄旗的裁判长站立在赛道中间，他对旗门裁判的准确性做出判断。

二十三、摔倒后的资格问题

比赛中，如两名参赛运动员都摔倒了，不管是在第二轮之前还是之后，不管是资格赛还是正赛，第一个用两只轮滑鞋站起来继续滑行者进入下一轮。如果两位参赛运动员皆未站起来继续比赛，则滑行较长距离者进入下一轮比赛。

二十四、颁奖仪式

颁奖仪式可在比赛后立即进行。

第七节　团体回转竞赛组织及规则

一、组织项目

团体赛可在以下项目中组织：
（1）小回转（可适当缩减赛道长度）。
（2）大回转（可适当缩减赛道长度）。
小回转、大回转规则条例同样适用于团体回转比赛。

二、参赛条件

每个运动员必须有一个参赛通行证，并签署运动员参赛声明。

三、参赛队员

每队最少由2男2女运动员组成，其他有效组合有3女运动员和1名男运动员，以及全部由4名女队员组成。

四、参赛成绩

团体回转比赛由队员总成绩决出。若出现平局，则由拥有最佳个人成绩的队伍胜出。如果团体只有三名或更少运动员参赛，比赛成绩有效，他们的成绩要从4名运动员的有效成绩的末尾算起。

五、说明

（1）每个队的参赛运动员名单必须在比赛正式开始前确定下来。
（2）每个国家必须登记男女运动员的准确人数，一个国家不能注册超过4名参赛运动员，可由4名女运动员或3名女运动员和1名男运动员或2名女运动员和2名男运动员组成。

（3）每队从登记的女运动员开始比赛。允许登记更多滑手作为替补，但须在登记时进行声明。

六、颁奖仪式

比赛前三名团队成员须全部参加颁奖仪式。

第六章　轮滑回转执裁技术

第一节　轮滑回转比赛装备要求

一、号码布

（1）号码布至少为边长 8 厘米的正方形，字体清晰易读。号码布的固定形式和类型不得改变。

（2）号码布可包括号码和商业标志，每个带有显著特征字母的号码布数字不得高于 10 厘米。

（3）普通的无袖号码布也适用于回转项目，但纸和衬衫组成的号码布，在整个比赛中易被磨损或过度保护，都是不允许的。

二、轮子

只允许线性排列的轮子，可使用三个、四个或五个轮子，轮子直径没限制。

三、手杖杆

比赛中可使用滑雪手杖杆进行滑行。

四、头盔

须使用标准的、大小合适的滑冰或滑雪头盔。

五、护手/护腕

须使用标准的、大小合适的护腕，或可选择使用带垫的手套。

六、护肘

须使用适合参赛标准的护肘。

七、护膝

须使用适合参赛标准的护膝。

八、其他保护装置

比赛中建议佩戴更多的保护装置。

九、人工照明

（1）允许使用人工照明进行比赛。

（2）人工照明灯光须具备以下条件：

①光的强度不小于 80 勒克斯，与地面平行检测，照明应尽可能相等。

②灯光须能向参赛运动员展示赛道的准确情景，且不会改变赛道的地形和不能影响对距离的估计和准确度。

③光线不能给参赛运动员投下任何阴影，也不能使运动员感到目眩。

④主办者须提供带调整的勒克斯压力表，技术代表或比赛管理者须及时检查光线是否符合规定，并对光的质量做一个附加报告。

第二节　轮滑回转比赛管理要求

一、裁判员会议

（1）每一次比赛前都要举行裁判员会议，由技术代表主持会议，会议应在开始前约 80 分钟或前一天召开。

（2）必须参会者。

①队长；

②比赛负责人；

③医务负责人；

④主办方人员和发言人。

二、中断比赛

1. 被赛道工作人员中断

为保证安全、公平、公正比赛，赛道工作人员可中断比赛，在赛道上进行维修检查工作。

2. 被裁判组中断

当天气开始下雨、下雪等，裁判组可中断比赛。中断期间，参赛运动员可调整装备以适应新的天气条件。

三、重新开始比赛

（1）一旦维修工作完成，比赛可重新开始，或当天气情况变好时，可继续进行比赛。

（2）裁判组须对赛道进行检查，一切正常后可重新开始比赛。

四、取消比赛

（1）当参赛条件发生变化时，不允许进行常规比赛，比赛将被取消。

（2）中断比赛的原因重复出现，比赛将被取消。

（3）如果比赛在第一轮被中断，且在同一天无法进行，比赛将被取消。

（4）当有极端天气情况时，裁判组可以与队长们一起决定，是否取消比赛。

（5）比赛取消后，参赛运动员的报名费不应退还。

（6）被取消比赛的成绩不应被列入运动员排名中。

（7）当有两轮滑行且在第二轮滑跑取消比赛时，第一轮滑跑可算为比赛的成绩。

这将由裁判员在会议上宣布，比赛成绩不列入世界总排名积分，只列入短期排名，短期排名可计算进完整的世界杯积分。

（8）取消比赛通知。如果在比赛的前一天取消比赛，则将立即宣布，告知技术代表、不同区域的技术代表，如果可能的话，告知所有签署协会、国家协会以及国家。

（9）比赛前取消比赛可能有如下原因：

①赛道表面不能正常进行比赛。

②赛道没参照预先制定的规章制度。

（10）比赛当天取消比赛可能有如下原因：

①赛道不符合事先制定的规章制度。

②救护车不足或丢失。

③天气条件不允许进行比赛。

④旗门裁判人数不足。

⑤计时设施不符合规则要求。

⑥分析程序不符合规则要求。

（11）取消比赛周末可能有如下原因：

①取消比赛周末由组织俱乐部决定。

②只有与国家主办协会密切合作才有可能取消比赛周末。国家组织协会必须在很短时间内更换一个正在进行比赛周末的俱乐部。

③国家协会组委会取消比赛周末，须尽可能短时间内随着比赛周末的实施指定一个替代者。

五、抽签

（1）得分管理员须提供一份有资格参加起跑者名单。

（2）女选手先起跑，男选手随后。下一次世界杯比赛顺序颠倒。

（3）抽签应在国际得分系统按每位选手最高得分从高到低排列后进行。

（4）抽签必须在赛前一天进行。

（5）晚上的比赛抽签最晚应在下午完成。

（6）如果参赛者已抽签参加比赛，则不得同时参加其他比赛。

六、正式表格

建议所有国家协会都为参赛运动员提供足够的正式参赛表格。

（一）第一轮滑跑的正式表格

1. 页眉部分

（1）主办单位名称。

（2）协调者名字。

（3）科目。

（4）比赛种类。

（5）裁判组成员的名字。

（6）使用的计时设施。

（7）比赛评估。

（8）比赛日期。

（9）赛道名称。

（10）第一轮第二轮正式开始比赛时间。

（11）第一轮第二轮赛道制定者。

2. 中间部分

（1）参赛选手人数。

（2）参赛选手姓名。

（3）协会。

（4）国家协会。

（5）国家。

（6）顺序表。

备注：在表格顶部，左、右边的空白处可留给赞助商和协调者使用，它也可以是单独的封面。

（二）第二轮滑跑正式表格

1. 页眉部分

（1）主办单位名称。

（2）协调者名字。

（3）科目。

（4）比赛部门。

（5）裁判组成员的名字。

（6）使用的计时设施。

（7）比赛评估。

（8）比赛日期。

（9）赛道名称。

2. 中间部分

（1）正式启动时间。

（2）正式开始时间。

（3）比赛统计。

备注：在表格顶部，左、右边空白处可留给赞助商和调整者使用，也可以是单独的封面。

（三）正式成绩单表格

正式成绩单是为有效参赛运动员的比赛准备的。如果两个参赛者比赛时间相同，出发号码高的选手在排名时列前。

1. 页眉部分

（1）主办单位名称。

（2）协调者名字。

（3）科目。

（4）比赛部门。

（5）裁判组成员的名字。

（6）使用的计时设施。

（7）比赛地点描述。

（8）天气条件。

（9）赛道名称。

（10）赛道长度。

（11）赛道制定者名字。

（12）第一轮滑跑和第二轮滑跑成绩。

（13）第一轮滑跑和第二轮滑跑旗门数量。

（14）第一轮滑跑和第二轮滑跑启动时间。

2. 中间部分

（1）位置。

（2）参赛号码。

（3）参赛选手姓名。

（4）协会。

（5）国家协会。

（6）国家。

（7）时间。

（8）顺序表。

3. 页尾部分

（1）比赛统计。

（2）技术代表签名。

备注：在表格顶部，左、右边空白处可留给赞助商和调整者使用，也可以是单独的封面。

（四）起跑、成绩和排名表格的附页

（1）如果是全国锦标赛要说明属于国家协会的那个分会。

（2）如果是国际比赛要说明所属国籍。

七、计算成绩

1. 起跑卡
保证起跑卡不得转让。

2. 成绩分析
成绩分析必须由一个分析程序来完成，须经由相应国家批准。

3. 非正式成绩
（1）计时设施在面板上显示的时间为非正式成绩，参赛选手和媒体应了解这一点。

（2）非正式成绩应通过麦克风宣布。

4. 正式成绩

（1）如果可能的话，非正式成绩应尽快在起点线和终点线的官方公告牌上公布。

（2）从这时起，非正式成绩就成为正式成绩了。

（3）正式成绩公布时，即为申诉期之开始。

八、起跑程序

1. 女子

（1）第一轮滑跑。世界杯得分最多的运动员先起跑，得分最少的后起跑。

（2）第二轮滑跑。按照第一轮的比赛成绩，从最慢的到最快的顺序开始起跑。

2. 男子

（1）第一轮滑跑。世界杯得分最多的运动员先起跑，得分最少的后起跑。

（2）第二轮滑跑。按照第一轮的比赛成绩，从最慢的到最快的顺序开始起跑。

在第一轮滑跑中限定最好的 50 名男子或 50 名女子滑手进行第二轮滑跑，第二轮滑跑的起跑名单必须及时宣布并且必须有足够的数量。

九、合格旗门

1. 旗门不合格

当轮滑鞋的一部分越过立柱垂直的影像上方时旗门不合格。

2. 旗门/旗门线周围区域

（1）成像的水平线从立柱的倾斜元件开始，在曲线外的屏障或边缘处结束。

（2）想象的垂直线从立柱的倾斜元件开始。

3. 旗门周围区域

一组完整的旗门杆组成如图 6-1 所示，由于立柱属于可倾斜形式，故在可倾倒的区域内不能出现除图所示的其他物品，大回转的双旗门为一组。

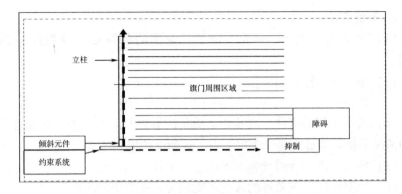

图 6-1 旗门周围设置示意图

十、前行禁令

1. 没有准确通过旗门

（1）如果参赛运动员没能准确地通过旗门，就不能通过后面的旗门了。

（2）如果参赛运动员没能准确地通过旗门，可以返回，在发生错误的地方重新滑行。

（3）如果参赛运动员不服从上述第（1）条和第（2）条禁令，除了取消资格还要追加纪律处罚。

（4）被淘汰或被取消资格的参赛运动员应小心地走到赛道边缘或终点的出口处。

2. 跌倒后的医疗

如果参赛运动员摔倒并接受治疗，则不允许其继续滑行。

十一、参赛者重新滑跑

1. 必要条件

（1）在比赛中被干扰的参赛运动员必须立即停下，离开原来的滑行路线，并向附近的旗门裁判或裁判组成员要求重新滑行。该要求也可由队长或教练提出。

（2）重新滑行的申请必须经裁判组审核，或批准或拒绝。

（3）如果技术代表或裁判组批准了运动员重新滑跑的申请，可以为运动员安排一次临时重新滑行，以避免延误。此重新滑行只有裁判组宣布确认后才有效。

2. 干扰原因

（1）由于工作人员、观众、动物、摔倒的参赛选手及物品阻挡了赛道。

（2）事故维修操作。

（3）错过旗门。

（4）其他类似的事件，与参赛运动员的意志与能力无关，在赛道没问题的情况下使运动员减速、严重影响了运动员的成绩。

（5）所有可用的计时设施都不能正常工作。

（6）比赛期间天气条件的改变不能成为重新滑跑的理由。

3. 重新滑行的有效性

（1）裁判组准许参赛运动员的滑行才具有有效性。

（2）起始裁判通知参赛运动员后，运动员根据起始裁判的决定可以在最近开始的组末尾重新滑行。

4. 拒绝重新滑行

（1）如果参赛运动员在合法重新滑行前被取消资格，不允许重新滑行。

（2）如果参赛运动员在干扰之后继续滑行，无权要求重新滑行。

（3）如果参赛运动员摔倒且想躲避的门离他只有几米，就没理由重新滑行。如果滑手要坚持滑下去，他摔倒的旗门和他比赛的轮次都必须标记下来。

十二、取消资格

1. 违反规则

凡参赛运动员违反以下规则，将会被裁判组取消比赛资格：

（1）在参赛运动员锁定的赛道练习。

（2）在没有裁判组命令的情况下以任何方式改变滑行轨道。

（3）对工作人员、其他参赛运动员或比赛观察员有不当表现。

（4）违反规定。

（5）违反裁判组做出的任何决定。

（6）在错误的个人信息下参加比赛。

（7）在裁判组审查赛道的时间内或没在规定时间里在赛道错误逗留。

（8）比赛检查训练期间没佩戴参赛号码。

（9）擅自更改参赛号码。

（10）没遵守规则绕过旗门。

（11）没佩戴保护装备或只佩戴了一部分。

（12）轮滑鞋不符合规范。

（13）接受别人的帮助。

（14）沿着赛道旁边的路线滑行（影子滑行）。

（15）在裁判组命令后不检查赛道。

（16）装备上有淫秽名称及符号。

（17）故意干扰其他参赛运动员。

（18）佩戴的不是分配的参赛号码，而是其他的参赛号码。

2. 裁判组对参赛运动员的制裁

（1）口头警告。

（2）禁止参加当天随后的比赛或第二天的比赛。

3. 针对参赛选手的制裁

（1）只有相应的技术代表才可以申请召开会议，会议可以是口头或正式会议。

（2）只有裁判组可以宣布制裁决定。

（3）裁判组可向国家协会提出对参赛运动员进行制裁，并做进一步处理。

（4）裁判组有义务将制裁决定告知所有国家。

十三、申诉

1. 可提出合法申诉者

（1）协会。

（2）队长。

（3）教练。

（4）授权的参赛选手。

2. 申诉的形式

（1）申诉必须以书面形式进行。

（2）不允许更多参赛选手集体申诉。在团体赛中，申诉须由队长上交。

（3）提交的申诉在裁判组公布决定前也可以被驳回，在这种情况下，申诉费须退还。当裁判组或裁判组成员因时间原因做出一个调解决定，如"保留决定"时，申诉者不可以拒绝。

（4）未按规定方式提出的申诉或不按时交纳申诉费，不被接受申诉。

3. 申诉种类和申诉条件

（1）抽签前对某些参赛运动员准入提出申诉。

（2）比赛正式开赛前一小时对参赛运动员的装备提出申诉。

（3）正式开赛前一小时对赛道或赛道状况提出申诉。

（4）比赛结束后立即对赛程提出申诉。

（5）因其他参赛运动员或工作人员的违规行为，可随时或立即提出申诉。

（6）在取消资格发布后 15 分钟内提出申诉。

（7）在公布成绩后 15 分钟内对计时提出申诉。

（8）在裁判组的决定公布后立即提出申诉，但须在整个过程结束前。

（9）起跑名单公布后立即提出申诉。

（10）排名榜公布后 10 天之内提出申诉。

（11）比赛评估公布后 10 天之内提出申诉。

（12）国际排名公布后 10 天之内提出申诉。

（13）申诉费均为 500 元。

4. 申诉费

申诉费用由主办方负责管理。申诉成功后申诉费将被退还给申诉者，申诉失败后申诉费不予退还。

十四、申诉场所

申诉必须以书面形式在终点处交给技术代表，或在裁判员会议决定的地方。所有的申诉活动都必须以书面的形式记录下来，对所申诉的活动有详细的描述，必须附有证据。迟到递交的申诉将被裁判组拒绝接收。

十五、裁判组处理申诉

1. 申诉地点

裁判组将会定期开会处理申诉，并公布地点和日期。

2. 相关人员

对通过旗门是否犯规的申诉协商，旗门裁判、最接近旗门裁判及其他相关工作人员，相关参赛选手，申诉的队长或教练，都可能被询问到。

3. 寻找解决方案的基本原则

对申诉的裁决，只能有裁判组成员出席，由技术代表主持，会议记录由裁判组全体成员签署。对于证据可自由考虑，但判决必须以规则为依据，应以符合公平的体育竞赛来执行和解释，尤其是要考虑到遵守规则。

4. 申诉结果公布

判决后应立即在告示牌上公布，并注明判决的时间。

十六、视频证据

（1）视频装置可在比赛期间安装。

（2）任何视频都可被裁判组使用，以便对比赛中的任何事件做出正确判断。

十七、颁奖仪式

（1）颁奖仪式在比赛结束前和技术代表批准前不得举行。

（2）颁奖仪式应在比赛结束时进行，并考虑到可能的申诉活动。

（3）在颁奖仪式前组织者可以与预期获奖者见面，这是非正式的，但不能在颁奖仪式处进行。

（4）奖金、奖杯、材料费用、鲜花等都由支持协会捐赠。

（5）升前三名运动员所属国家国旗。

（6）奏冠军获得者所属国家国歌。

十八、卫生服务

参赛运动员和全体工作人员在赛道上须设有可使用的卫生间。

十九、医疗服务

（1）在赛道上必须为参赛运动员和主办方全体工作人员提供医疗服务。

（2）在训练和比赛中，医务和救援负责人须与其助手随时保持联系。

（3）在正式比赛开始之前，必须与比赛负责人保持一致。

（4）必须与裁判组保持联系畅通。

第三节　轮滑回转赛道认证要求

一、总体说明

（一）所有国际冠军赛只能在赛道上进行，这是被特定的国家协会认可的。

（二）国际比赛只能在赛道上进行，这是被相应国家协会认可的。

（三）必须遵循认证的基本条件。

（四）认证赛道的投入是向相应的国家协会提出的。

二、认证内容

投入认证必须符合下列文件及内容：

（1）只能由主管机构验收。

（2）赛道名称。

（3）赛道照片。

（4）赛道长度。

（5）赛道宽度。

（6）赛道坡度（每15米一个检查点，坡度按百分比检查，先检查起点，最后检查终点）。

（7）赛道宽度（每15米一个检查站，宽度以米计算，首先在起点检查，最后检查终点）。

（8）救护车的种类。

（9）主线。

（10）起始点和终点的区域描述。

（11）参赛选手在开始和结束等待区的描述。

（12）关于必要安全设施种类的信息。

（13）定时调节的类型。

（14）卫生处理预期的地方。

（15）路边和高度的信息。

（16）管道覆盖。

（17）装载室。

（18）阀门（气/水）。

（19）穿过街道的人行道斑马线。

（20）沿着赛道的栅栏、墙、防波堤、树群、交通标志必须加固或移除。

（21）比赛办公室地点。

（22）赛道区域图。

（23）路面概况。

（24）起始区域的描述。

（25）终点区域的描述。

（26）主办方负责人联系地址、电话、传真和电子邮件地址等有关信息。

（27）障碍的使用材料。

（28）安全系数。

三、认证程序

申请人向国家协会申请为赛道认证或者在现场检查时须将必要文件交给相应协会的技术代表。在检查赛道时，技术代表须填写检查报告，并将规划的装修项目绘制在赛道示意图中。

四、认证驳回

认证的驳回须由相应协会的技术代表进行。

五、认证的有效性

小回转和大回转认证是否被驳取决于技术代表的决定。

六、认证的有效期

（1）对高山回转分支的认证度，只要不改变赛道本身性质或建造影响发生或技术条件没有改变都是有效的。

（2）以下情况可认定为自然变化：

①墙体破裂。

②隐含的区域。

③高层建筑物建造。

④路面下降。

⑤路线的改变和道路铺设的宽度、长度和坡度的改变。

七、认证收费

对跑道的认证收费是可随时支取的，这是在相应的国家协会关税中规定的。

八、兴奋剂的认定

遵循国际有关兴奋剂的相关规定。

第四节　主办方人员构成及职责

一、组委会

（一）组成

组委会由组织俱乐部和各自区域组织派出的成员（自然人和法人）组成。它是组织俱乐部权利义务的载体。

（二）委派

通过委派或任命使上述人员成为组委会成员，组织俱乐部派遣下列所有组委会人员。

1. 主席或副主席职责

主席或副主席除代表组委会对外，负责召集不同组别的人召开会议，处理所有的问题。他们与协会对比赛期间和之后可能发生的情况做出预判并派出工作人员，他们应关注所有的问题并作出处理。

2. 竞赛负责人职责

由组委会任命的竞赛负责人负责和监督所有的准备工作和所有工作人员讨论所有问题，并与技术代表一起召集领队开会。

3. 赛道负责人职责

根据陪审团的指示和决定准备比赛跑道的相关工作。

（1）赛道负责人必须熟悉赛道。

（2）赛道负责人应熟悉赛道的各种要求。

（3）赛道负责人负责标记和封闭赛道。

（4）赛道负责人负责救援服务的分配。

4. 比赛秘书职责

（1）比赛秘书需要做技术和主办方有关比赛主题的秘书工作。

（2）比赛秘书负责抽签的准备工作。

（3）比赛秘书关注官方排名和包括必要陈述的成绩名单。

（4）比赛秘书负责工作人员、陪审团和领队的会议记录。

（5）比赛秘书负责准备开始、完成、计时、成绩单和管理旗门的所有空白表格，并及时交给相应的工作人员。

（6）比赛秘书负责接受申诉并引起相关负责人的关注。

（7）比赛结束后，比赛秘书负责准备和关注计算成绩并快速复制，同排名和成绩上网的工作人员保持联系。

5. 赛程制定者职责

（1）赛程制定者的任命。

①第一次滑跑：在比赛举办国与其协会协商前任命，赛程制定者名字必须在比赛前一周告知协会和这个时间的负责技术代表。

②第二次：在举办国确定赛程前任命。赛程制定者名字必须在比赛前一周告知协会和这个时间的负责技术代表。

③赛程制定者名字必须由技术代表在裁判员会议上宣布。

（2）赛程制定者不能成为运动员。

（3）赛程制定者的监测。赛程制定者设计的比赛跑道只能在技术代表或技术代表助理的掌控下才能确定。

（4）赛程制定者的备选。

①如果一名赛程制定者在比赛日程中无法到场，中国轮滑协会将任命备选赛程制定者。

②备选赛程制定者必须与正选赛程制定者有相同的条件。

（5）赛程制定者的权力。

①赛程制定者可以就赛场的变化和安保措施提出建议。

②赛程制定者可以分配助手帮助安排赛程，这样他就可以集中精力制定赛程。赛程制定者助理不能为滑手。

③赛程制定者可以指令材料负责人分配所需材料。

④赛程制定者须按时完成制定赛程的任务。

（6）赛程制定者的责任。

①赛程可根据运动员的技术水平来制定，赛程制定者须与技术代表、比赛负责人和斜坡指挥等一起做一次赛前预检查。

②赛程制定者在必要的安全措施的基础上完成制定赛程。

③赛道必须不晚于赛前1.5小时完成，如此不会影响到参赛运动员。可能的话，赛程制定者可仔细检查赛道一遍。

④制定赛程是赛程制定者的主要职责，他还有责任去遵守比赛规则并与裁判组成员协商。

⑤赛程制定者还须参加裁判员会议，向会议报告关于赛程制定的过程。

⑥赛程制定者应提前到达赛场，如此可从容实施制订方案。

6. 试跑员职责

主办方保证配置至少3名达到比赛规则要求的试跑员。

（1）在特定情况下裁判组可增加试跑员的数量。

（2）裁判组每次都可任命不同的试跑员。

（3）试跑员需要佩戴试跑员标志。

（4）指定试跑员须有足够能力像正式比赛一样试跑。

（5）在国际比赛中，选手在第一轮滑跑中被淘汰者可在第二轮滑跑中充当试跑员。

（6）裁判组指定试跑员和出发顺序。

（7）预赛结束后的休息时间里，裁判组可以指定新试跑员。

（8）裁判组不可以公布试跑员滑跑成绩。

（9）当裁判组询问时，试跑员需提供关于赛道条件、赛道光线和路线等相关信息。

（10）参赛选手不允许成为试跑员。

（11）受到纪律处罚的参赛选手不允许成为试跑员。

（12）参赛者在第一轮滑跑中被淘汰者经过申请可在第二轮滑跑担任试跑员。

7. 秩序服务负责人职责

（1）秩序服务负责人听从赛道负责人的工作安排。

（2）秩序负责人必须设置隔离障碍使观众与赛场保持安全距离。

（3）秩序服务负责人负责保证在障碍物后面有足够位置留给观众。

8. 医务和救护人员负责人职责

（1）医务和救护负责人负责正式训练和比赛期间的医疗和救援服务。

（2）医务和救护人员负责人负责安排受伤的参赛运动员可以进行医务治疗的场所。

（3）医务和救护人员负责人负责在正式训练开始前，协调好医务人员、队医和救护车。

9. 材料和技术结构系统负责人职责

为了比赛和登记，材料和技术结构系统负责人必须分配设备和各种赛道准备工作，如果某些任务不明确，就归属其他工作人员的职责部分。

10. 新闻报道负责人职责

新闻报道负责人须按照组委会指示、监督并向新闻媒体、广播电台和电视台通报比赛情况。

11. 其他组委会人员

（1）财务负责人。

（2）住宿和食品负责人。

（3）典礼负责人（开幕或闭幕）。

（4）组织俱乐部和主办单位有权聘任其他工作人员加入组委会。

二、裁判组

（一）人员称谓

（1）技术代表。

（2）技术代表助理。

（3）比赛负责人。

（4）计时负责人（没有投票权）。

（5）计时裁判员（没有投票权）。

（6）赛道负责人（没有投票权）。

（7）旗门裁判长（没有投票权）。

（8）旗门裁判员（没有投票权）。

（9）起点裁判员（没有投票权）。

（10）终点裁判员（没有投票权）。

（11）发令员。

（12）赛道广播员。

裁判组可以任命更多的顾问协助决策，但他们没有投票权。

（二）投票分配

（1）所有有投票权的人只有一票投票权。

（2）在不同情况下技术代表担任主席。

（三）裁判组的工作

（1）在比赛全程中遵守比赛有关规则。

（2）裁判组负责决定是否取消运动员参赛资格。

（3）裁判组负责决定对参赛运动员、球队管理者、教练、排序员、服务人员、赞助代理商和旁观者的处罚。

（4）裁判组负责对申诉的决定。

（5）裁判组负责在比赛前制定特殊指令。

（6）因赛道或其他特殊情况，裁判组负责改变出发顺序。

（7）裁判组负责检查起跑道。

（8）裁判组负责决定是否由于达不到体力、心理和技术要求而禁止选手参赛。

（9）裁判组负责关于重新开始的决定。

（10）裁判组负责关于终止比赛的决定。

（11）根据比赛规则裁判组负责安排参赛者进行抽签。

（12）对规则中不清晰的问题，裁判组负责提出意见并做出决定。

（四）身份冲突

（1）裁判组成员不得成为参赛选手。

（2）参赛选手不能是裁判组的成员。

（五）裁判组工作的临时程序

裁判组在第一次抽参赛号码时开会，在最后成绩出来后且申诉期结束后才结束裁判使命。

（六）裁判组的决策力

对比赛产生间接或直接影响的决定，只有在有投票权的裁判组成员意见一致后才可做出决定。这可以在裁判组会议上进行，所有决定都必须记录下来并做成有时间和主席签名的公告。

（七）技术代表职责

1. 比赛后技术代表的工作

（1）技术代表须准备比赛报告。

（2）技术代表管理所有排名和结果列表的准备，并签名认证。

（3）与计时负责人合作，将所有排名和成绩名单与电子计时时间条进行核查比较。

（4）向裁判组提交所有有效的申诉。

（5）批准颁奖典礼。

（6）准备所有附加报告。

（7）与比赛秘书合作收集和整理所有排名和结果名单、不合格名单、申诉和申诉决定、旗门裁判文件和所有其他书面决定。

（8）如须技术代表，可以向监管顾问提出申请，做出当时无法公开的决定。

2. 任命

比赛需要任命一名技术代表和技术代表助理检查赛事的管理，技术代表不能来自主办方。

3. 比赛前技术代表的工作

（1）赛前会议上技术代表与旗门裁判长一起分配旗门裁判。

（2）主持裁判组和团队的所有会议。

（3）控制正式发布生效前的公告并在必要时做更改。

（4）阅读往届比赛的报告并进行复查，如允许内部改进，需对认证评估做出解释。

（5）管理训练和比赛跑道。

（6）控制行政和技术准备。

（7）检查安全措施。

（8）检查起始区域。

（9）检查启动装置。

（10）检查街道的质量。

（11）检查终点。

（12）与裁判组合作确定试滑者的数量。

（13）决定如何与裁判组合作检查轨道。

（14）检查权威版本及其遵守情况。

（15）要求所有人员遵守规定的训练和开始时间。

（16）根据强制条件批准训练和比赛跑道。

（17）向所有参与比赛的人发出指令和建议。

（18）在赛道出现不利条件时与裁判组合作确定是否中止比赛。

（19）检查有关赞助（场所、紧固物）的规定。

（20）检查所有比赛相关文件。

（21）检查双向无线电设备数量是否有足够数量。

（22）复查旗门裁判的位置。

（23）复查进程安排。

（24）检查救援服务的位置。

（25）检查计时器和所有相应的技术设备。

（26）与全体工作人员密切合作。

（27）与裁判组技术代表合作处罚破坏比赛规则的人。

（28）准备兴奋剂的检测。

4. 比赛过程中技术代表的工作

（1）出席全部训练和比赛。

（2）监督比赛事务。

（3）在比赛期间的定位咨询服务。

（4）与裁判组技术代表合作惩罚破坏比赛规则者。

（5）在技术故障的情况下检查手动计时。

（6）管理所有运动员排名。

（7）管理所有旗门裁判卡。

（8）向裁判组提交所有有效的申诉。

5. 比赛后技术代表的工作

（1）准备比赛报告。

（2）管理所有运动员排名和结果列表并签名认证。

（3）与计时负责人合作，将所有排名和结果名单与电子计时时间条进行比较。

（4）向裁判组提交所有有效的申诉。

（5）批准颁奖仪式。

（6）准备所有附加报告。

（7）与比赛秘书合作收集和整理所有运动员的排名和结果名单、不合格名单、申诉和申诉决定、旗门裁判文件和所有其他书面决定。

（8）如有必要技术代表可以向监管顾问提出申请，做出当时无法公开的决定。

6. 对已确定的技术代表提出建议

已确定的技术代表从一开始就要持续、全面的了解比赛计划和过程，可通过电话或书面方式对其提出建议。

7. 有关退还费用

技术代表有权退还费用。

（八）技术代表助理职责

（1）技术代表助理可以由技术代表或全国统一协会安排。

（2）技术代表助理只能与技术代表合作在比赛中做出决定。

（3）技术代表助理须通过技术代表助理考试。

（4）已参加比赛的组织方工作人员不能成为技术代表助理。

（5）技术代表助理从属于技术代表或 FIRS RAD TC（国际轮滑体育联合会轮滑回转和高山速降技术委员会）。

（6）技术代表助理有权退还费用。

（7）准入资格。

①团队领导和教练。

a. 可以作为裁判组成员（须提交有效的裁判证书）。

b. 还没有被相应国家区域组织任命为组委会工作人员前提下，可被任命的比赛工作人员。

c. 领队或教练须遵守裁判组的规定，遵守公平原则，行为正确。

d. 如作为裁判组成员或赛道制定者必须出色完成工作任务。

②媒体人员。他们都应具有获得采访国际比赛的资格。

③其他工作人员。根据比赛组织者和比赛的规定，他们都应获得参与国际比赛工作人员的资格。

（九）比赛负责人职责

由组委会任命的竞赛负责人，负责和监督所有的准备工作和所有工作人员讨论所有问题，并与技术代表一起召集领队开会。

（十）计时负责人职责

（1）计时负责人负责与起点和结束的工作人员合作。

（2）开赛前最短时间内将手表与计时表同步。

（3）计时负责人确定起跑器是否计时滞后。

（4）计时负责人负责精确的时间测量。

（5）计时负责人必须公布非官方计时。

（6）如果计时系统有问题，计时负责人必须向技术代表和起点裁判报告。

（7）计时负责人负责快速准确计算比赛结果。

（8）计时负责人必须和比赛秘书一起确认，保证非最终正式排名得以最快反馈。申诉结束后或所有申诉期活动结束后，必须确保所有正式排名都已得以公布。

（9）计时负责人须有一个包含参赛运动员、中途被取消资格和没有完成比赛的选手名单。

（10）在计时负责人指挥下的人员有：

①发令员。

②起点裁判。

③记录员。

④计时员。

⑤手动计时负责人。

⑥控制门柱工作人员。

⑦发布成绩部门负责人及下属。

（十一）　计时裁判员职责

1. 起跑手动计时

（1）手动计时员计算实际起跑时间并记录、保存下来，以便需要时计算每圈时间。

（2）第一轮滑跑结束或第二次滑跑结束后手动计时员将他的文件上交测量。

（3）计时裁判员的位置直接靠近起跑线并且没有干扰参赛者。

2. 终点手动计时

（1）手动计时员计算实际完成时间并记录、保存下来，以便需要时计算每圈时间。

（2）第一轮滑跑结束或第二轮滑跑结束后，手动计时员将记录上交计时总负责人。

（3）计时裁判员的位置在终点线的直线延长线上。

（十二）　赛道负责人职责

根据裁判组的指示和决定准备比赛跑道的工作。

（1）赛道负责人必须熟悉赛道情况。

（2）赛道负责人应熟悉赛道的各种要求。

（3）赛道负责人负责标记和封闭赛道。

（4）赛道负责人负责救援服务的分配。

（十三）旗门裁判长职责

（1）旗门裁判长由组织者从旗门裁判中指定并领导和监督他们的行动。

（2）为每一位旗门裁判分配管理旗门处，每次比赛结束，必须收集管理卡并交给比赛裁判。

（3）须把所需的材料（管理卡、铅笔、出赛名单等）交给每个旗门裁判，及告知他们所需协助之事或让观众保持距离，或重新安排赛道。

（4）须及时注意旗门的编号和名字。

（十四）旗门裁判员职责

（1）每个旗门裁判必须正确、深刻了解比赛规则。

（2）每个旗门裁判都应有以下规范的表格：

①裁判姓名。

②分配的旗门编号。

③滑跑名称（滑跑 1 和滑跑 2）。

（3）声明的原则。旗门裁判做出的每个裁判动作都必须明确而中立，他的举止应平静、警觉和谨慎。

（4）由旗门裁判填写参赛运动员不当行为的细节：

①参赛运动员的比赛号码问题。

②参赛运动员没有准确通过的旗门号码。

③参赛运动员不当行为的具体特征。

④简要归纳参赛运动员过失的过程。

（5）只有在旗门裁判准确无误，并确信参赛运动员没正确通过旗门时，才能公开宣布违规。如果出现申诉，必须能冷静而清晰的解释错误发生的过程和细节。

（6）检查有没有准确通过旗门。

①如果旗门裁判认为出现错误，必须做出观察。他可以要求附近的旗门裁判加入鉴定寻求专业支援，以证实他的观察。他甚至可要求陪审团成员提议暂时中断比赛。

②旗门裁判须用自己的方式关注发生事件周围的情况，并填写在表格里，赛后提供给陪审团。

③旗门裁判必须通知参赛选手立即与裁判或陪审团成员取得联系。

（7）旗门裁判判断力。他的发现应不受观众意见的影响，他也不受证人意见的左右，尽管他可能是专家。

（8）旗门裁判观察区．旗门裁判的职责是从参赛选手接近旗门开始，到选手正确通过旗门裁判计时完毕时结束。

（9）沟通参赛选手。

①参赛运动员比赛中因伤、因故没法完成比赛，须立即离开跑道，并通知附近的旗门裁判。

②参赛运动员在犯错或摔倒时可向旗门裁判咨询。同时，旗门裁判员有义务在运动员犯错导致被取消资格时对其说明情况。

③旗门裁判必须对参赛运动员的问题给予准确而明确的回答，或者用下列词语向他解释情况：

"好！"在运动员没被取消资格的情况下，旗门裁判确认他正确通过旗门。

"后退！"在运动员可能被取消资格的情况下。

④参赛者应对自己的行为负责并且不能把责任推给裁判。

（10）不当行为的公告。一个不当行为的即刻公告可这样做：

①天气好时，可以举旗示意。

②天气不好时，用音响发出警告。

③其他主办方设计的工具。

④即刻公告不能免除旗门裁判填写表格的工作。

⑤旗门裁判有义务在需要时通知陪审团成员。

（11）第一轮和第二轮滑跑后旗门裁判的义务。

①由于陪审团的指示，每次相应滑跑完后，旗门裁判长（或他的代表）须从每个旗门裁判那里收集表格并交给技术代表。

②第一轮滑跑结束后，旗门裁判长需为第二轮滑跑交出第一轮滑跑的表格。

③任何一名旗门裁判辨识出任何一种不当行为或者看到一个导致重新滑跑的事件，必须在可能出现申诉的时间里，随时给陪审团提供咨询。

④技术代表决定旗门裁判的去留。

（12）旗门裁判的附加职责。

①对不自动直立的门柱必须加以纠正。

②对标记区域错位的平台必须重新放置。

③对撕裂和损坏的旗门旗子应被更换。

④对损坏的立柱须根据颜色立即更换。

⑤维持他监督范围内的秩序。

⑥保持赛道顺畅。

⑦清除参赛选手或第三者留在赛道上的附加标志。

⑧旗门裁判必须分配有证件的工作人员去最合适的位置工作，并不得妨碍参赛选手。

⑨旗门裁判必须保证由陪审团安排的指示和比赛规则得到遵守。

（13）旗门裁判的位置。旗门裁判须选择一个孤立的位置，站在赛道某个能立即介入比赛却不干扰参赛运动员的位置。

（14）旗门裁判的数量。

①协调员有义务提供足够数量的旗门裁判。

②组合复杂的旗门或需持续维护的地方，须给旗门裁判分配助手。

③在某些特定情况下，协调员可给旗门裁判长分配多个候补旗门裁判。当出现不足或拥堵时，可把他们派上场。

④协调员必须公布为训练和比赛提供的旗门裁判人数。

⑤理想状况是每个裁判最多分管 3 个旗门。

（15）旗门裁判装备。

①旗门裁判服装。

②两支铅笔。

③文具盒。

④用于描述发生事件的空白纸。

⑤打扫赛道的扫帚。

⑥对讲机（以备不时之需）。

⑦旗门裁判卡。

（16）旗门裁判给养。协调员必须照顾好旗门裁判在各自位置上的饮食。

（十五）起点裁判员

（1）起点裁判员必须在所有训练和比赛期间处于起点位置。

（2）起点裁判员必须确保起跑的规则和起跑组织的有序。

（3）起点裁判员决定参赛选手的装备是否符合规则。

（4）如果起点裁判员认为必要的话，他可以中断比赛。

（5）起点裁判员可以与裁判组合作宣布起跑有效。

（6）起点裁判员应注意到所有的延误和错误的起跑。

（7）在任何时候起点裁判员必须能立即与裁判组取得联系。

（8）负责把所有没参加起跑和因故放弃起跑选手的名单和号码通知裁判。

（十六）终点裁判员职责

当所有训练和比赛期间，终点裁判员必须身处终点。终点裁判员有以下任务：

（1）终点裁判员负责监控最后的旗门和终点之间的赛道。

（2）终点裁判员负责监督终点线的通过。

（3）终点裁判员负责完赛超时处理。

（4）根据这种情况，终点裁判员应将即将通过终点线选手的号码布移交给计时负责人。

（5）终点裁判员负责监督终点站的控制、时间测量和障碍服务。

（6）终点裁判员必须任何时候都能与起点联系。

（十七）发令员职责

（1）发令员负责准备手势和开始命令，并掌控两个指令之间的时间间隔。

（2）发令员帮助参赛运动员确认正确的起跑位置。

（3）发令员用有线或无线通信联系计时负责人。

（4）发令员决定比赛是否按照规则进行。

（十八）赛道广播员职责

赛道广播员必须以英语和相关语言向观众和参赛者发布所有相关信息。

第七章　轮滑回转常见运动损伤与预防

　　轮滑回转运动是集速度、力量、技巧为一体的一项综合运动，对轮滑运动者身体素质、身体协调性以及柔韧性等要求较高。练习中，如若不加注意，很容易造成运动者的身体损伤，这既打击了轮滑回转运动者的参与积极性，又难以发挥轮滑回转运动本身的健身价值。因此，在轮滑回转运动中要加强自我保护意识，注意安全。

第一节　轮滑回转常见运动损伤及处理

　　按照运动损伤的类型来讲，轮滑回转运动中常见损伤可分为痉挛、擦伤、拉伤、扭伤、挫伤及骨折等类型。

一、痉挛

　　轮滑回转不同于普通的休闲轮滑，由于对速度要求较快，因此运动者在进行轮滑回转练习时往往会排出大量的汗液，同时在出汗的过程中肌肉会快速地进行连续性收缩。在练习结束后，如果轮滑回转运动者未曾进行正确的肌肉放松运动，带着大量的汗液饮用冷水或者到阴凉地方消除汗液，但在此过程中肌肉长时间处于炎热的状态，突然受到寒冷的刺激会产生痉挛，从而对肌肉造成一定的伤害，这会给轮滑回转运动者带来短暂的痛苦，但肌肉痉挛现象及痛苦会在短时间内消失。

二、擦伤

　　这是轮滑回转中最常见的一种损伤，这类创伤多发生在手、肘、小腿、足踝等突出部位。人体的这些关节部位大多肌肉表层浅，因此摔倒时很容易发生擦伤。此外，还有因与他人冲撞或轮滑鞋碾压致伤。在发生擦伤之后应及时对伤口进行处理，首先将伤口周围以及伤口内部的污染物清洗出来，保证伤口的清洁，避免出现细菌感染现象。其次可以使用碘伏或者酒精对伤口进行消毒，预防伤口发生感染，尤其是在夏季，更需要保证擦伤部位干爽清洁。如果擦伤情况较为严重，应立即就医。

三、拉伤

这也是轮滑回转中较常见的一种损伤，通常发生在大腿内侧。多数情况下是由于用力不当、重心转移不熟练或者起始动作脱节等导致肌肉难以承受突然的强大的力度，从而造成肌肉拉伤。肌肉拉伤不仅疼痛剧烈，而且在短时间内也难以消失。在发生肌肉拉伤时，应马上休息避免继续运动。在拉伤 24 小时之内须对伤患处进行冷敷，如果疼痛剧烈可适当选用活血化瘀的药物进行外敷；如未曾有缓解应立即进行加压包扎并及时就医，确保不会对肌肉造成永久性伤害。上述受伤一天后可适当热敷，以此来减轻伤患处的疼痛及肿胀。

四、扭伤

轮滑回转中的扭伤大部分为脚踝扭伤。由于轮滑回转的速度快，对运动者的脚踝力量具有较高的要求。在运动之前若未曾进行踝关节的准备运动，滑行中踝关节难以承受较强的用力，容易出现突然无力的现象，从而使运动者难以掌握平衡，导致摔倒，在摔倒时反应不及，最容易将踝关节扭伤。脚踝扭伤将会使运动者很长时间内不能够再进行激烈的运动了。脚踝扭伤后受伤局部会出现疼痛、肿胀、皮下瘀血、压痛等症状。这种损伤后应立马休息，可对扭伤部位进行冷敷，如果长时间内未见好转应及时就医，避免错过最佳治疗时机。

五、挫伤

在轮滑回转中由于速度过快而初学者又难以掌握力度，容易导致运动者的身体某个部位撞击到物体、护栏、墙面等从而发生挫伤。轻度挫伤会使运动者感受到轻微疼痛；严重挫伤则会使患处不敢受力，导致无法继续运动。发生轻度挫伤时应将患处制动，并抬高患处，及时进行休息，短时间内会自行消除水肿，伤口逐渐恢复正常。重度挫伤则须局部外敷对症药物，口服舒筋活血药物；如出现低烧症状可口服抗生素或者消炎药，并对运动者在服药期间进行严密观察，如果长时间内挫伤没有好转应该及时就医，以避免引起不必要的危险。

六、骨折

在轮滑回转分项的高山回转项目中，由于下滑速度较快，摔倒的概率也会随之增加，有可能造成骨折，但这类伤害在高山回转中还是比较少见。如果发生这类外伤，运动者应及时进行紧急性处理，对发生骨折的部位进行保护，搬动伤员时也一定要保持平稳，然后立即送往医院进行治疗。并向医生说明骨折的情况，以保证运动者能够接受快速的治疗，避免出现难以挽回的后果。

第二节　轮滑回转运动损伤的预防

在进行轮滑回转运动时，要特别重视安全预防，以防为主，避免受伤。只有做好防范措施，轮滑回转其实也是一项很安全的运动。

一、轮滑回转运动中的自我保护

（一）端正思想态度

加强安全防范意识，增强保护意识，以防为主，避免受伤。首先要端正学习态度，了解预防运动损伤的重要性、熟悉运动损伤发生原因以及掌握运动损伤预防知识，在思想上充分认识到运动损伤发生的各种可能性以及产生的严重后果，将损伤发生概率降到最低，始终在头脑中存有预防运动损伤的安全意识。

（二）做好准备活动

轮滑回转教学中重要的组成部分之一那就是教学前的准备活动，其目的是使全身的关节获得伸展，促使血液循环更加活跃。在穿上轮滑鞋后还需再做一些适应性练习，如做一些变换方向的踏步、蹲起等，以提升神经系统的兴奋性，确保运动中协调平衡的能力，减少各种失衡性运动损伤。

（三）加强自我保护意识

自我保护意识不强是轮滑回转运动受伤的主要原因之一，因此在轮滑回转实践操作之前，要着重加强自我保护意识的教育，将受伤后的利弊讲解清楚，使运动者能够清楚地认识到保护意识不强将会导致身体损伤，从而能够增强对自身的保护意识，以此减少在轮滑回转运动时受伤的概率。

（四）掌握正确摔倒姿势

在轮滑回转练习中，要学会正确的摔倒姿势，使其在发生摔倒时降低损伤程度。特别注意要避免直臂单手撑地，防止手腕受伤。当向前或向侧摔倒时，要主动屈膝下蹲，用双手撑地缓冲，减小摔向地面的撞击力；当要向后摔倒时，也要主动屈膝下蹲，降低重心，尽量让臀部着地，并注意保护尾骨处，同时低头团身，避免头部向后仰磕地。

二、轮滑回转运动的安全常识

在轮滑回转运动的练习中，为防止和避免一些意外事故的发生，应充分注意以下几点：

（1）初学者练习时应穿长裤和长袖衣服，穿戴好全套保护装备。无论技术达到何种程度都难免发生意外，只有穿戴齐全的保护装备才能把损伤程度降低到最低。

（2）轮滑鞋的选择要尺码大小适宜，扎带要松紧适度。练习前要仔细检查轮滑鞋的螺母是否拧紧了，以免在滑行过程中因轮滑鞋出现问题造成损伤。

（3）练习前运动者应注意检查场地。如有沙石、木屑、棍棒、树枝、烟头等杂物要及时清除干净；避开地面的裂缝以及台阶等，否则快速滑行中很容易绊倒摔伤。

（4）初学者练习时必须采取正确的练习姿势，要注意上体的前倾和小腿的前倾，切不可在滑行过程中身体伸展后仰。

（5）初学者练习时应及早学会摔倒时的自我保护方法。向前摔倒时应避免单臂前伸支撑；向后倒时应避免上体伸展抬头，要立即收腹低头，重点保护头部；向侧摔倒时，两臂紧贴身体向体侧滚动。

（6）在练习时禁止做危险和妨碍他人的动作。如手拉手滑行、逆向滑行、追逐打闹、横插乱窜、突然停止等，这都是既妨碍他人又容易发生危险的行为。

（7）在练习场地上要自觉保持地面的清洁卫生，严禁乱扔果皮、烟头、纸团、绳头、饮料瓶等垃圾和杂物。

（8）不要在车道和过往行人很多的地方练习，做好场地及周围环境的检查工作，避免在有积水、有油污、坑洼不平的路面上练习。

（9）初学者一定要有正确的技术指导，循序渐进地系统学习轮滑技术，不可好高骛远，一味地追求技术动作的难度和速度。

（10）轮滑场地应备有常用外伤药品，一旦有外伤出现要及时处理。如有骨折、脑震荡等严重伤害出现，应及时护送医院治疗。

（11）患有严重疾病的人（如心脏病、高血压）等不宜进行轮滑回转练习；此外，饮酒后和过度疲劳的人也不宜参加轮滑回转练习。

参考文献

[1]王合霞．轮滑技巧[M]．北京:中国社会出版社,2010．

[2]刘琦,马良．轮滑[M]．北京:北京体育大学出版社,2009．

[3]韦见凡．跟专家练轮滑[M]．北京:北京体育大学出版社,2003．

[4]高菘,陈兆陨．轮滑[M]．长春:吉林出版集团有限责任公司,2009．

[5]周建林,胡玉芹,张耀光．轮滑[M]．福州:福建科学技术出版社,2008．

[6]谢向阳,潘明亮．轮滑运动[M]．广州:华南理工大学出版社,2012．

[7]成卓．轮滑入门ABC[M]．北京:北京体育出版社,2010．

[8]晓华．轮滑高手之路[M]．北京:中国宇航出版社,2006．

[9]于海燕．轮滑运动入门[M]．南京:江苏科学技术出版社,2001．

[10]王汇丰．滑板运动基础及实用技巧[M]．成都:成都时代出版社,2009．

[11]卫章．轮滑[M]．成都:成都时代出版社,2008．

[12]孙显墀,孙一,蒙猛．速度轮滑运动技术与训练[M]．北京:人民体育出版社,2015．

[13]付进学,王晓亮．单排轮滑球教程[M]．北京:北京体育大学出版社,2018．

[14]于振峰,赵宗跃,孟刚．体育游戏[M]．北京:高等教育出版社,2007．

[15]郑志步．大众趣味体育竞赛游戏[M]．北京:科学出版社,2007．

[16]钱铁群．趣味体育游戏[M]．北京:人民体育出版社,2001．

[17]王艺兵．少儿体育游戏[M]．北京:机械工业出版社,2012．

[18]阿荞,晨阳,依昀．五花八门的助兴游戏[M]．北京:北京体育大学出版社,2009．

附录

附录一　体育总局关于印发
《运动员技术等级标准》的通知

各省、自治区、直辖市、新疆生产建设兵团体育行政部门，有关运动项目管理中心，有关全国性体育社会组织，有关行业体协，有关体育院校：

根据《运动员技术等级管理办法》规定，体育总局组织修订了《运动员技术等级标准》。现将修订后的《运动员技术等级标准》印发给你们，自 2021 年 7 月 1 日起实施（以比赛起始时间为准），请遵照执行。

此前颁布的《关于印发〈运动员技术等级标准〉的通知》（体竞字〔2013〕177 号）、《关于调整部分项目〈运动员技术等级标准〉的通知》（体竞字〔2015〕25 号）、《关于调整健美项目〈运动员技术等级标准〉可授予等级称号小项的通知》（体竞字〔2015〕31 号）、《关于调整击剑项目可审批等级运动员比赛名称和组别的通知》（体竞字〔2016〕81 号）、《关于调整中国式摔跤项目〈运动员技术等级标准〉部分条款的通知》（体竞字〔2017〕74 号）、《关于调整部分项目〈运动员技术等级标准〉的通知》（体竞字〔2018〕16 号）、《关于调整和新增部分项目〈运动员技术等级标准〉的通知》（体竞字〔2019〕40 号）同时废止。

体育总局

2021 年 5 月 23 日

附录二　关于《运动员技术等级标准》若干问题的说明

为准确、规范授予运动员技术等级称号，现就《运动员技术等级标准》有关问题说明如下：

一、《运动员技术等级标准》中可授予运动员技术等级称号的全国比赛、省级比赛和地市级比赛的竞赛组织、竞赛规程和竞赛奖励等工作，必须严格执行《体育赛事活动管理办法》（国家体育总局令第25号）的规定。

二、《运动员技术等级标准》中未明确是"分站赛""分区赛""系列赛"等的比赛，不得参照相关条款授予等级称号。

三、《运动员技术等级标准》中未单独明确是"青年""青少年""少年"的国际比赛、全国比赛，则"青年""青少年""少年"的比赛不得参照相关条款授予等级称号。

四、《运动员技术等级标准》中注释规定范围以外的小项不得授予等级称号，按规定程序已备案的除外。

五、除速度滑冰、短道速滑、射击、射箭、场地自行车（计时项目）、举重、田径、游泳等有成绩标准的项目外，《运动员技术等级标准》中未明确组别的赛事，仅最高组别可授予等级称号，其他组别不得授予等级称号。比赛的最高水平组别由比赛主办方或组委会确定，并应当在竞赛规程中予以明确或出具相关证明，以便等级称号的申请和授予。

六、《运动员技术等级标准》中表述为"各省（区、市）体育行政部门主办的综合性运动会"的，专指各省（区、市）每四年举办一次的省级最高水平综合性运动会。

七、《运动员技术等级标准》中表述为省级、地市级"锦标赛（或冠军赛）"的，每年只有1次最高水平比赛可授予等级称号；省级、地市级"锦标赛、冠军赛"的，每年只有不超过2次最高水平比赛可授予等级称号；省级、地市级"比赛"的，每年只有1次最高水平比赛可授予等级称号。

八、运动员以测试或其他非正式身份参加比赛获得的成绩，以及运动员不符合参赛资格或竞赛规程规定参加比赛获得的成绩，不得授予等级称号。

九、运动员凡受到体育行政部门、全国性体育社会组织、比赛组委会纪律处分、通报批评的，受处分期间不得申请授予等级称号。

附录三　轮滑运动员技术等级标准

速度轮滑

一、国际级运动健将

凡符合下列条件之一者，可申请授予国际级运动健将称号：世界运动会、世界锦标赛前 6 名、青奥会前 3 名并达到成绩标准。

二、运动健将

凡符合下列条件之一者，可申请授予运动健将称号：

（一）世界运动会、世界锦标赛前 8 名、青奥会前 6 名并达到成绩标准；

（二）亚洲运动会、亚洲锦标赛前 3 名并达到成绩标准；

（三）全国锦标赛成年组前 3 名、青年甲组第 1 名并达到成绩标准。

三、一级运动员

凡符合下列条件之一者，可申请授予一级运动员称号：

（一）全国锦标赛成年组前 6 名、青年甲乙组前 3 名、少年甲组前 2 名、少年乙组第 1 名并达到成绩标准；

（二）全国少年锦标赛少年甲组前 2 名、少年乙组第 1 名并达到成绩标准。

四、二级运动员

凡符合下列条件之一者，可申请授予二级运动员称号：

（一）全国锦标赛、全国公开赛成年组前 8 名、青年甲乙组前 6 名、少年甲组前 4 名、少年乙组前 2 名、少年丙组第 1 名并达到成绩标准；

（二）全国少年锦标赛少年甲组前 3 名、少年乙组前 2 名、少年丙组第 1 名并达到成绩标准。

五、三级运动员

凡符合下列条件之一者，可申请授予三级运动员称号：

（一）全国锦标赛、全国公开赛成年组前 10 名、青年甲乙组前 8 名、少年甲组前 6 名、少年乙组前 4 名、少年丙组前 2 名并达到成绩标准；

（二）全国少年锦标赛少年甲组前 6 名、少年乙组前 3 名、少年丙组前 2 名并达到成绩标准；

（三）省（区、市）体育行政部门主办的锦标赛成年组前 8 名、青年甲乙组前 6 名、少年甲组前 3 名、少年乙组前 2 名、少年丙组第 1 名并达到成绩标准。

六、成绩标准

场地赛

女子	国际级运动健将	运动健将	一级运动员	二级运动员	三级运动员
200 米（追逐）	00：19.300	00：19.800	00：21.200	00：22.900	00：25.800
500 米+D	00：50.150	00：50.950	00：52.500	00：55.300	00：58.200
1000 米	01：32.400	01：34.200	01：38.100	01：43.300	01：50.500
10000 米（淘汰）	17：39.500	18：35.000	19：30.000	20：40.000	22：20.000
男子	国际级运动健将	运动健将	一级运动员	二级运动员	三级运动员
200 米（追逐）	00：17.665	00：18.580	00：19.456	00：21.320	00：23.640
500 米+D	00：46.720	00：47.540	00：48.700	00：52.200	00：55.300
1000 米	01：26.300	01：27.200	01：29.800	01：37.500	01：45.000
10000 米（淘汰）	15：45.500	16：18.800	16：58.400	17：40.000	18：39.000

公路赛

女子	国际级运动健将	运动健将	一级运动员	二级运动员	三级运动员
100 米	00：10.550	00：10.850	00：11.400	00：12.300	00：13.200
15000 米（淘汰）	25：27.100	26：38.500	27：53.000	30：15.000	32：55.000
马拉松	1h11：30.000	1h13：15.000	1h19：20.000	1h28：26.000	1h46：13.000
男子	国际级运动健将	运动健将	一级运动员	二级运动员	三级运动员
100 米	00：09.600	00：09.850	00：10.400	00：11.200	00：12.100

男子	国际级运动健将	运动健将	一级运动员	二级运动员	三级运动员
15000 米 （淘汰）	22：35.466	23：19.500	24：24.000	25：58.600	28：30.000
马拉松	1h00：56.000	1h03：54.000	1h09：38.000	1h19：28.000	1h35：29.000

注：

1. 上述比赛各小项须至少有 8 人上场比赛方可授予等级称号。

2. 上述场地赛、公路赛项目均按 2019 世界锦标赛全项设置。

3. 场地赛 500 米+D（在直道加一段距离）的起点，必须设置在终点对面直道的中部（第二直弯道分界点向前量 28.92 米）。原终点不变。

4. "积分赛"和"积分淘汰赛"是按照运动员所获积分多少而排列名次。运动员获得技术等级标准须按照规定的相应赛事所获得的名次而决定。

5. 公路赛中的"单圈"项目，因场地的规格不一，运动员获得技术等级标准须按照规定的相应赛事所获得的名次而决定。

花样轮滑

一、国际级运动健将

凡符合下列条件之一者，可申请授予国际级运动健将称号：世界运动会、世界锦标赛前 3 名。

二、运动健将

凡符合下列条件之一者，可申请授予运动健将称号：
（一）世界运动会、世界锦标赛第 4~第 6 名；
（二）亚洲锦标赛成年组前 2 名，青年组第 1 名；
（三）全国锦标赛成年组第 1 名。

三、一级运动员

凡符合下列条件之一者，可申请授予一级运动员称号：
（一）亚洲锦标赛成年组第 3~第 4 名；
（二）全国锦标赛成年组第 2~第 3 名，青年组第 1 名。

四、二级运动员

凡符合下列条件之一者，可申请授予二级运动员称号：
（一）亚洲锦标赛成年组前第 5~第 6 名；

（二）全国锦标赛成年组第 4~第 6 名，青年组第 2~第 3 名，少年甲组第 1 名。

五、三级运动员

凡符合下列条件之一者，可申请授予三级运动员称号：

（一）全国锦标赛青年组第 4~第 6 名，少年甲组第 2~第 3 名；

（二）省（区、市）体育行政部门主办的锦标赛成年组前 6 名，青年组前 3 名，少年组第 1 名。

注：

1. 可授等级称号的小项（以下小项外的其他小项不得授予等级称号）：

（1）双排轮：单人滑规定图形、自由滑、双人滑、单人舞蹈、双人舞蹈。

（2）单排轮：单人滑自由滑。

（3）集体项目：队列滑、四人舞蹈、小团比赛、大团比赛。

2. 上述比赛各小项须至少有 8 人（对、队）上场比赛方可授予等级称号。

3. 上述比赛未明确组别的，仅以最高水平组别授予等级称号。

自由式轮滑

一、国际级运动健将

凡符合下列条件之一者，可申请授予国际级运动健将称号：

（一）速度过桩、平地跳高世界锦标赛前 6 名，并达到成绩标准；

（二）花式绕桩、花式对抗世界锦标赛前 6 名；

（三）花式刹停、双人花式绕桩世界锦标赛前 3 名。

二、运动健将

凡符合下列条件之一者，可申请授予运动健将称号：

（一）速度过桩、平地跳高世界锦标赛前 9 名，并达到成绩标准；亚洲锦标赛前 6 名，并达到成绩标准；全国锦标赛成年组前 3 名，青年组前 3 名，并达到成绩标准；

（二）花式绕桩、花式对抗世界锦标赛第 7~第 9 名；亚洲锦标赛前 9 名；全国锦标赛成年组前 3 名、青年组前 3 名；

（三）花式刹停、双人花式绕桩世界锦标赛前 4~5 名；亚洲锦标赛前

3名；全国锦标赛前2名。

三、一级运动员

凡符合下列条件之一者，可申请授予一级运动员称号：

（一）速度过桩、平地跳高全国锦标赛成年组前6名，青年组前6名，少年甲组前2名，并达到成绩标准；全国少年锦标赛青年甲组前3名，青年乙组前3名，少年甲组前2名，少年乙组第1名，并达到成绩标准；

（二）花式绕桩、花式对抗全国锦标赛成年组第4～第6名，青年组第4～第6名，少年甲组前2名；全国少年锦标赛青年甲组前3名，青年乙组前3名，少年甲组前2名，少年乙组第1名；

（三）花式刹停、双人花式绕桩全国锦标赛第3～第4名；全国少年锦标赛前2名。

四、二级运动员

凡符合下列条件之一者，可申请授予二级运动员称号：

（一）速度过桩、平地跳高全国锦标赛成年组前8名，青年组前8名，少年甲组前3名，并达到成绩标准；全国少年锦标赛青年甲组前6名，青年乙组前6名，少年甲组前3名，少年乙组前2名，并达到成绩标准；

（二）花式绕桩、花式对抗全国锦标赛成年组第7～第8名，青年组第7～第8名，少年甲组前3名；全国少年锦标赛青年甲组第4～第6名，青年乙组第4～第6名，少年甲组第3名，少年乙组第2名；

（三）花式刹停、双人花式绕桩全国锦标赛第5～第6名；全国少年锦标赛第3～第4名。

五、三级运动员

凡符合下列条件之一者，可申请授予三级运动员称号：

（一）速度过桩、平地跳高全国锦标赛成年组前12名、青年组前12名，少年甲组前6名，并达到成绩标准；全国少年锦标赛青年甲组前8名、青年乙组前8名，少年甲组前6名，少年乙组前3名，并达到成绩标准；省（区、市）体育行政部门主办的锦标赛成年组前6名、青年组前6名、少年甲组前3名，少年乙组第1名，并达到成绩标准；

（二）花式绕桩、花式对抗全国锦标赛成年组第9～第12名，青年组第9～第12名，少年甲组第4～第6名；全国少年锦标赛青年甲组第7～第8名，青年乙组第7～第8名，少年甲组第4～第6名，少年乙组第3名；

少年丙组第 1 名；省（区、市）体育行政部门主办的锦标赛成年组前 6 名、青年组前 6 名、少年甲组前 3 名，少年乙组第 1 名；

（三）花式刹停、双人花式绕桩全国锦标赛第 7~第 8 名；全国少年锦标赛第 5~第 6 名；省（区、市）体育行政部门主办的锦标赛前 3 名；

六、成绩标准

项目		国际级运动健将	运动健将	一级运动员	二级运动员	三级运动员
男子速桩	计时	4.30″	4.45″	4.65″	4.85″	5.05″
女子速桩	计时	4.55″	4.70″	4.95″	5.15″	5.40″
男子跳高	计高	150cm	140cm	132cm	126cm	120cm
女子跳高	计高	125cm	120cm	112cm	106cm	100cm

注：1. 上述比赛未明确组别的，则仅最高水平组别可授予等级称号。

2. 上述比赛各小项须至少有 8 人（对）上场比赛方可授予等级称号。

3. 裁判员要求。

（1）花式绕桩、双人花式绕桩。运动健将 5 位评分裁判，其中至少 3 人为国家级以上裁判员，其他不得低于 1 级裁判员。一级运动员 5 位评分裁判，其中至少 1 人为国家级以上裁判员，其他不得低于 1 级裁判员。二级运动员 5 位评分裁判，其中至少 3 人为 1 级以上裁判员，其他不得低于 2 级裁判员。三级运动员 3 位评分裁判，2 级以上裁判员。

（2）花式刹停、花式对抗。运动健将 3 位评分裁判，其中至少 1 人为国家级以上裁判员，其他不得低于 1 级裁判员。一级运动员 3 位评分裁判，其中至少 1 人为国家级以上裁判员，其他不得低于 1 级裁判员。二级运动员 3 位评分裁判，其中至少 2 人为 1 级以上裁判员，其他不得低于 2 级裁判员。三级运动员 3 位评分裁判，其中至少 2 人为 1 级以上裁判员，其他不得低于 2 级裁判员。

（3）速度过桩。运动健将不得少于 5 位国家级以上裁判员，其他不得低于 1 级裁判员。一级运动员不得少于 2 位国家级以上裁判员，其他不得低于 1 级裁判员。二级运动员不得少于 3 位 1 级以上裁判员，其他不得低于 2 级裁判员。三级运动员不得少于 3 位 2 级以上裁判员，其他可为 3 级裁判员。

（4）平地跳高。运动健将不得少于 2 位国家级以上裁判员，其他不得低于 1 级裁判员。一级运动员不得少于 1 位国家级以上裁判员，其他不得低于 1 级裁判员。二级运动员不得少于 3 位 1 级以上裁判员，其他不得低于 2 级裁判员。三级运动员不得少于 3 位 2 级以上裁判员，其他可为 3 级裁判员。

单排轮滑球

一、国际级运动健将

凡符合下列条件之一者，可申请授予国际级运动健将称号：
世界锦标赛
（一）第 1 名，授予参加比赛的 8 名运动员；
（二）第 2~第 3 名，授予参加比赛的 7 名运动员；
（三）第 4~第 6 名，授予参加比赛的 6 名运动员；
（四）第 7~第 12 名，授予参加比赛的 6 名运动员。

二、运动健将

凡符合下列条件之一者，可申请授予运动健将称号：
（一）世界锦标赛第 1~第 8 名，授予参加比赛的 8 名运动员。
（二）亚洲锦标赛
（1）第 1 名，授予参加比赛的 5 名运动员；
（2）第 2~第 3 名，授予参加比赛的 4 名运动员。
（三）全国锦标赛成年组第 1 名，授予参加比赛的 4 名运动员。

三、一级运动员

凡符合下列条件之一者，可申请授予一级运动员称号：
（一）全国锦标赛
（1）成年组：第 1~第 3 名，授予参加比赛的 4 名运动员；
（2）青年组：第 1 名，授予参加比赛的 4 名运动员。
（二）全国联赛成年组年度积分第 1 名，授予参加比赛的 5 名运动员；
第 2~第 3 名，授予参加比赛的 4 名运动员。

四、二级运动员

凡符合下列条件之一者，可申请授予二级运动员称号：
（一）全国锦标赛
（1）成年组：第 1~第 6 名，授予参加比赛的 4 名运动员；
（2）青年组：第 1~第 3 名，授予参加比赛的 4 名运动员；

（3）少年甲组：第 1 名，授予参加比赛的 4 名运动员；

（4）少年乙组：第 1 名，授予参加比赛的 4 名运动员。

（二）全国联赛成年组年度积分第 1 名，授予参加比赛的 4 名运动员；第 2~第 3 名，授予参加比赛的 3 名运动员。

五、三级运动员

凡符合下列条件之一者，可申请授予三级运动员称号：

（一）全国锦标赛少年甲组、全国少年锦标赛

（1）甲组：第 1~第 2 名，授予参加比赛的 4 名运动员；

（2）乙组：第 1~第 3 名，授予参加比赛的 4 名运动员。

（二）省（区、市）体育行政部门主办的综合性运动会、锦标赛

（1）成年组：第 1~第 3 名，授予参加比赛的 6 名运动员；

（2）青年组：第 1 名，授予参加比赛的 4 名运动员。

（三）全国联赛成年组年度积分第 1~第 3 名，授予参加比赛的 4 名运动员。

注：

1. 可授予等级称号的小项（以下小项外的其他小项不得授予等级称号）：男子、女子。

2. 上述比赛各小项须至少有 6 队上场比赛方可授予等级称号。

3. 上述比赛未明确组别的，则仅最高水平组别可授予等级称号。

4. 上述条款中的"参加比赛"指报名且上场比赛，相关证明由中国轮滑协会或比赛组委会提供。

5. 全国联赛须为联赛注册队伍的注册运动员，获得相应积分方可授予等级称号。

轮滑阻拦

一、国际级运动健将

凡符合下列条件之一者，可申请授予国际级运动健将称号：

世界锦标赛

（一）第 1 名，授予参加比赛的 10 名运动员；

（二）第 2~第 3 名，授予参加比赛的 9 名运动员；

（三）第 4~第 6 名，授予参加比赛的 8 名运动员；

（四）第 7~第 12 名，授予参加比赛的 6 名运动员。

二、运动健将

凡符合下列条件之一者，可申请授予运动健将称号：

（一）世界锦标赛第 1~第 8 名，授予参加比赛的 8 名运动员；

（二）亚洲锦标赛：

1. 第 1 名，授予参加比赛的 6 名运动员；

2. 第 2~第 3 名，授予参加比赛的 5 名运动员；

（三）全国锦标赛成年组第 1 名，授予参加比赛的 6 名运动员。

三、一级运动员

凡符合下列条件之一者，可申请授予一级运动员称号：

（一）全国锦标赛

1. 成年组：

（1）第 1~第 3 名，授予参加比赛的 5 名运动员；

（2）第 4~第 6 名，授予参加比赛的 4 名运动员。

2. 青年组：

（1）第 1~第 3 名，授予参加比赛的 4 名运动员；

（2）第 4~第 6 名，授予参加比赛的 4 名运动员。

（二）中国轮滑协会和中国学生体育协会共同主办的全国学生锦标赛（大学生和中学生）

1. 第 1 名，授予参赛的 5 名运动员；

2. 第 2 名，授予参赛的 4 名运动员；

3. 第 3 名，授予参赛的 3 名运动员。

四、二级运动员

凡符合下列条件之一者，可申请授予二级运动员称号：

（一）全国锦标赛

1. 成年组第 1~第 6 名，授予参加比赛的 4 名运动员；

2. 青年组第 1~第 6 名，授予参加比赛的 4 名运动员。

（二）全国少年锦标赛

1. 少年甲组第 1~第 3 名，授予参加比赛的 5 名运动员；

2. 少年乙组第 1~第 3 名，授予参加比赛的 5 名运动员。

（三）中国轮滑协会和中国学生体育协会共同主办的全国学生锦标赛（大学生和中学生）

1. 第1~第2名，授予参赛的5名运动员；
2. 第3~第4名，授予参赛的4名运动员。

五、三级运动员

凡符合下列条件之一者，可申请授予三级运动员称号：

（一）全国少年锦标赛

1. 少年甲组第1~第3名，授予参加比赛的5名运动员；
2. 少年乙组第1~第2名，授予参加比赛的5名运动员。

（二）中国轮滑协会和中国学生体育协会共同主办的全国学生锦标赛（大学生和中学生）第1~第6名，授予参赛的5名运动员。

（三）省（区、市）体育行政部门主办的综合性运动会、锦标赛

1. 成年组第1~第3名，授予参加比赛的6名运动员；
2. 青年组第1名，授予参加比赛的5名运动员。

注：

1. 可授予等级称号的小项（以下小项外的其他小项不得授予等级称号）：男子、女子。

2. 上述比赛各小项须至少有6队上场比赛方可授予等级称号。

3. 上述比赛未明确组别的，则仅最高水平组别可授予等级称号。

4. 上述条款中的"参加比赛"指报名且上场比赛。相关证明由中国轮滑协会或比赛组委会提供。

附录四　滑板运动员技术等级标准

一、国际级运动健将

凡符合下列条件之一者，可申请授予国际级运动健将称号：

（一）奥运会正式参赛资格的运动员；

（二）世界锦标赛前 8 名；

（三）国际轮联五星级赛事、国际滑板职业巡回赛（国际轮联/SLS）前 6 名；

（四）世界杯年度排名前 6 名；

（五）亚运会、亚洲锦标赛前 2 名。

二、运动健将

凡符合下列条件之一者，可申请授予运动健将称号：

（一）国际轮联五星级赛事、国际滑板职业巡回赛（国际轮联/SLS）第 7~第 10 名；

（二）亚运会、亚洲锦标赛第 3 名；

（三）亚洲杯、亚洲室内运动会、亚沙会前 2 名；

（四）全国锦标赛、全国运动会、全国联赛年度总积分排名、中国轮滑协会主办的全项目锦标赛第 1 名。

三、一级运动员

凡符合下列条件之一者，可申请授予一级运动员称号：

（一）全国锦标赛、全国运动会、全国联赛年度总积分排名、中国轮滑协会主办的全项目锦标赛第 2~第 6 名；

（二）省（区、市）体育行政部门主办的综合性运动会、锦标赛（或冠军赛）第 1 名。

四、二级运动员

凡符合下列条件之一者，可申请授予二级运动员称号：

（一）全国锦标赛、全国运动会、全国联赛年度总积分排名、中国轮滑协会主办的全项目锦标赛第 7~第 10 名；

（二）省（区、市）体育行政部门主办的综合性运动会、锦标赛（或冠军赛）第 2~第 3 名。

五、三级运动员

凡符合下列条件之一者，可申请授予三级运动员称号：

（一）中国轮滑协会主办的全项目锦标赛第 11~第 15 名；

（二）省（区、市）体育行政部门主办的综合性运动会、锦标赛（或冠军赛）第 4~第 8 名。

注：

1. 可授予等级称号的小项（以下小项外的其他小项不得授予等级称号）：男子街式、女子街式、男子碗池、女子碗池。

2. 上述国际和全国比赛各小项须至少 8 人、省级比赛各小项须至少有 6 人上场比赛方可授予等级称号。

3. 上述比赛未明确组别的，仅以最高水平组别授予称号。

后　　记

　　轮滑回转项目自 2018 年正式成为中国轮滑协会正式比赛大项后，采用由国际轮滑联合会 FIRS 轮滑回转和高山速降技术委员会制订的《高山回转比赛规则 2016（翻译版）》并深入贯彻执行旧版规则。

　　随着国际赛事的不断升级，由最初的四个轮滑回转小项演变为五个小项（2018 年规则后增设了综合回转），国内也随即做出了比赛项目上的增项，直到 2020 年将最新综合回转规则制订入国内规则。随着国内体验人数的增加，越来越多的低龄化选手及各地俱乐部积极响应，经过国内轮滑回转运动专业人士李冰、冯浩、胡晶瑶、丁玉秀、陈德水、秦传锐、何新词、厉中山等研究讨论，根据轮滑回转运动的技术特性，结合我国轮滑回转运动开展的实际情况增设了平地回转项目。

　　为了和国际规则接轨，特邀专家再次对本规则进行修改完善。

李　冰
2021 年 5 月